둘이 함께 가는 길

둘이 함께 가는 길

둘이 함께 가는 길

2006년 6월 10일 초판 발행

지은이 • 사브리나 D. 블랙
옮긴이 • 유 정 화
펴낸이 • 김 수 곤
편   집 • 드 림 북
발행처 • 〈도서출판〉 꿈을 이루는 사람
등록일 • 2005년 8월 30일 / 제 2005-53호
등록주소 • 서울시 송파구 삼전동 103번지

전   화 : 02)2203-2739
팩   스 : 02)2203-2738
이메일 : ceo@ccm2u.com
홈페이지 : www.ccm2u.com

ISBN 89-5546-021-X   03230

정가 9,500 원

총판 : 선교햇불
전화 02)2203-2739   팩스 02)2203-2738

둘이함께 가는 길

믿지 않는 배우자를 신앙으로 인도하는 지침서

사브리나 D. 블랙 지음

유 정 화 옮김

꿈을 이루는 사람

Can Two Walk Together?

나를 지지하는 사랑하는 남편 워렌 조셉 블렉(Warren Jose Black)에게
이 책을 바칩니다.
그는 나와 인생을 나누었고 다른 사람과
우리의 삶을 나눌 수 있게 해주었습니다.
하나님께서는 매일 매일 여러 다른 상황에서도
나를 그 분 가까이 이끌어 주셨습니다.
이 책은 그 분이 없었다면 빛을 보지 못했을 것입니다.

몇 년 전에 대규모 크리스천 상담가 회의에서 연설을 한 적이 있다. 그곳에서 나는 미래의 상담 역할에 대한 청사진을 제시하려고 노력했다. 청중들은 관심을 가지고 주의를 기울였지만, 아쉬운 점은 막상 상담 사역자들인 그들이 미래의 비전에 대해 생각하지 않는 것 같았다. 연설을 마치고 약 두 시간 뒤, 호텔 로비에서 사브리나 블랙(Sabrina Black)과 마주쳤다. 그는 "선물이 있어요" 하며 흥분해서 소리쳤고, "비전을 포기하지 말라"고 씌어진 흰 셔츠를 주었다. 셔츠는 그가 연설했던 아프리카의 회의를 위해 준비한 것으로 여벌 하나를 내게 준 것이었다.

사브리나는 비록 때때로 결혼 생활이 힘들었지만 더 나은 결혼의 비전을 포기하지 않았다. 이 책은 '앞으로 과연 내 결혼생활이 더 좋아질 수 있을까' 하고 의심을 품는 독자들에게 강렬한 메시지를 전하고 있다. 이 책에는 그 자신의 경험을 정직하게 써놓았고, 풍부한 성경 구절과 실제적인 안내가 들어 있다. 그는 한 사람은 그리스도인, 다른 한 사람은 비그리스도인 커플들의 이야기를 다루었다.

이 책을 읽는 모든 독자들은 결혼 생활에서 저지르게 되는 실수와 실패를 거침없이 지적하는 이 책의 가치를 발견할 것이다. 저자는 믿지 않는 남편의 태도와 비난, 그리고 종종 그를 긴장하게 만들었던 믿

지 않는 그의 친구들의 변화를 정직하게 직시하면서도 꾸준히 남편
을 지지하고 있다.

만약 여러분이 더 나은 결혼생활과 버우자의 구원을 꿈꾼다면, 이
책이야말로 실질적인 도움과 격려가 될 것이다. 저자의 메시지는 바
로 그 티셔츠에 쓰여 있던 문구다. "더 나은 결혼을 생각한다면 비전
을 포기하지 말라."

기쁜 마음으로 이 책을 추천한다.

Dr. 그레이 R. 콜린스

추 천 사

사브리나 블랙의 말은 이해하기 쉽다. 그는 상담자로서의 통찰력과 사역자의 마음으로 글을 쓴다. 그의 책 "둘이 함께 갈 수 있을까?"는 불평등하게 영적 멍에를 진 커플들에게 거친 질문을 던진다. 그는 성경의 가르침과 심리학적 자료와 자신의 삶 속에서 얻은 지혜들을 풀어 놓고 있다. 독자들은 이 강력한 메시지의 페이지를 넘길 때마다 강한 인상과 감동을 받게 될 것이다.

이 책은 홀로 신앙생활하다 좌절한 사람에게 새희망을 갖도록 도움을 주는 유익한 책이다. 사역자나 상담자, 그리고 매일 삶 속에서 이러한 문제에 부딪히는 크리스천들에게 유용하다. 개인 및 그룹 스터디 자료로 강력히 추천한다.

주제에 들어맞는 성경 구절을 통해 하나님께서 이 문제에 대해서 무엇을 말씀하고 계신지 알게 될 것이다. 이 책을 잘 읽고 그대로 행하라. 삶의 축복을 받게 되고, 결혼 생활은 더 풍요로워질 것이다.

버지니아 린치버그 리버티 대학 부총장

에드 힌선 박사

감사의 글

　나의 구원자시며 나의 주님 되신 전능하신 하나님께 구원과 풍성한 삶을 주신 것을 감사드리고, 나의 영역을 넓히시는 것을 감사드린다.

　남편, 워렌 조세 블랙에게 감사한다. 진정으로 하나님의 사랑과 은혜, 자비를 나에게 가르쳐 주었고, 모든 면에서 격려해 준 것에 대해 감사드린다.

　부모님 클라이드와 아델 디킨슨께도 감사드린다. 크리스천 결혼생활의 좋은 모델이 되어 주시고, 그리스도가 교회를 사랑하신 것같이 어머니를 사랑하시며 자신을 희생하신 아버지께 감사드린다. 또한 율법을 지키는 경건한 생활의 모델이 되셨고, 존경과 기쁨으로 아버지께 순종하셨던 어머님께도 감사드린다.

　나의 비서 라모나 틸맨에게도 감사한다. 이 책을 위해 타이핑과 편집을 하고 정보를 수집하고, 또 다른 나의 프로젝트들을 위해 애써 주신 것에 감사드린다. 또한 젊은 여성으로서 하나님을 기쁘시게 하는 희망으로 가득 차 있고, 자신의 삶을 다른 사람과 나눌 수 있도록 마음을 활짝 열어 준 것에 감사드린다.

　편집주간 데니스 게이츠에게도 감사의 마음을 전한다. 사랑으로 이 프로젝트를 북돋아 주시고 많은 기도로 함께해 주신 것과 우리 안에 하나님이 함께하신다는 인내심을 갖게 해주셔서 감사드린다. "철로 철을 날카롭게 한다.”

내가 소속된 그룹 라벤 할린(14년), 라티샤 웨킨스(30년), 히베나 크로켓(4년)에도 감사한다.

항상 상담과 격려를 아끼지 않으신 하만 크로스 주니어, 그레고리 알렉산더 목사님께도 감사드린다.

기도 지원팀에 속한 해리엇 스미스(코디네이터), 신시아 체스넛, 차르만 콜맨, 히베나 크로켓, 아델 디킨슨, 레베카 돌, 라번 할린, 데비 헤스킨스, 로리 헨리, 브렌다 젠킨스, 팜 허드슨, 데비 미첼, 로리 모턴, 데브라 닉슨, 라모나 틸맨, 레베카 트리빌리노, 도시아 월러스, 라티샤 웨킨스에게도 정말 감사드린다.

시사팀에 속한 발다 아킨슨, 리니 카너, 찰만 콜맨, 아델, 디킨슨, 레베카 돌, 카렌 할린, 데비 헤스킨스, 팜 허드슨, 데브라 닉슨, 카이 포팅거, 해리엇 스미스, 도시아 월러스에게도 감사드린다.

또한 최초로 연설 장소를 제공해 주고, 여성 회의 연설자로 설 수 있도록 도와주신 얼린 린세이 리차드슨에게도 감사의 마음을 전한다. 예수 그리스도와의 귀중한 만남을 갖게 해주고 그분을 알도록 로즈달로 초대해 주신 리니 카터Renee Carter)에게도 감사한다. 그리고 하나님의 말씀과 사랑을 깨닫도록 3년 간 훈련시켜 주신 것 또한 감사드린다.

처음에 격려를 아끼지 않으셨던 분들인 발레리 미얼스, 모니카 존슨(미국 크리스천 작가 그룹 리더), 도리스 덴슨(기도 동역자), 도리스 리스(자신감 있는 연설), 린다 화이트(신실한 친구이자 기도 동역자)에게도 감사한다.

마지막으로 나보다 앞서 이 길을 가면서 내게 많은 도움을 준 작가들에게 진심으로 감사한다.

사브리나

목 차

행복한 결혼생활을 하려면 - 1단계 찬양과 기도시간을 가지라 · 2단계 하나님께 복종하라 · 3단계 하나님의 증인이 되라 · 4단계 끝까지 인내하라 · 5단계 하나님을 묵상하고 기뻐하라

5. 상담 후 해결책을 찾으라 / 137

6. 말이 통하는 부부, 살맛나는 세상 / 173

7. 친구는 결혼에 어떤 영향을 미칠까 / 207

8. 배우자와 나눌 수 있는 것들 / 239

들어가는 글

들어가는 글

믿지 않는 배우자와 사는 이에게 희망을

여러분이 이 책을 읽는 이유가 무엇이든지, 즉 개인적으로 도움을 받든지, 다른 사람을 위해서든지, 아니건 하나님이 당신의 삶 속에서 이미 예비해 두신 사역을 위해서든지 이 여행을 시작하게 된 것을 기쁘게 생각한다.

우연히 이 책을 손에 잡지는 않았을 것이다. 당신이 읽어야 할 무엇인가 이 책 속에 있을 것이다. 자신을 위해서가 아니라 해도 이 책을 읽고 메시지를 전할 수 있는 누군가를 만날지도 모른다. 그러므로 우연히 이 책을 읽는 것이 아니다. 나는 거룩한 약속에 의한 것이라고 믿고 있다.

만약 당신이 지금 믿지 않는 배우자와 함께 산다 하더라도 그런 경우가 당신 혼자만은 아니다. 잠시만 생각해 보라. 아마도 당신의 가족이나 친구들, 교회, 직장, 그 밖의 소속 단체에도 그런 사람들이 많이 있을 것이다. 내 경험에 비추어 보면, 그때 사람들은 무슨 말을 해야 할지, 또 무엇을 해야 할지 모른다. 그들은 도움을 원하지만 대부분 어떻게 해야 할지 모르고 있다. 〈둘이 함께 갈 수 있을까?〉는 이렇게 믿지 않는 배우자와 결혼생활을 하는 사람들에게 매우 필요한 격려를 줄 것이다.

당신이 이런 상황에 있다면 분명히 조언과 지혜를 줄 만한 사람을 찾고 구할 것이다. 대부분의 교회에는 많은 사역 그룹들이 있다. 아동 사역, 청소년 사역, 독신자 사역 그리고 부부 사역 등이 있다. 요즘에는 배우자와 사별한 사람, 이혼한 사람들을 위한 사역 그룹도 생겨나고 있다. 그러나 믿지 않는 배우자와 결혼한 사람들에게 격려와 지지를 해주고, 필요한 부분을 채워 주는 사역을 하는 교회는 거의 없다. 그러나 우리 주변에는 이러한 부부들을 얼마든지 쉽게 찾아볼 수 있다.

믿지 않는 남편, 혹은 아내와 함께 결혼생활을 하는 사람들도 특별한 사람들 가운데 일부이고, 내가 사랑하는 사람들이다. 수년 동안 나역시 이 특별한 사람 가운데 하나였다. 나도 사실은 상처 입은 치료자인 것이다. 하나님께서 내게 허락하신 많은 힘든 일에 깊은 통찰력과 지혜를 주셨다.

하나님께서는 모든 어려움 속에서도 우리를 위로하신다. 그러므로 우리도 그분께 받은 위로로 다른 사람들을 위로할 수 있다.

"찬송하리로다 그는 우리 주 예수 그리스도의 하나님이시요 자비의 아버지시요 모든 위로의 하나님이시며 우리의 모든 환난 중에서 우리를 위로하사 우리로 하여금 하나님께 받는 위로로써 모든 환난 중에 있는 자들을 능히 위로하게 하시는 이시로다"(고후 1:3-4).

하나님께서는 내가 결혼생활에서 부딪힌 고통을 이겨내도록 도우셨다. 그리하여 다른 이들도 도울 수 있는 기회를 주셨다.

하나님께서는 정말 좋은 분이다. 우리에게 넘치는 축복을 주셨다. 내가 결혼한 지도 15년이 넘었다. 나는 남편과 자신을 붙잡아 달라고 하나님께 기도하고 있다. 남편과 나는 이전의 삶에서 새로운 삶으로 변화되었고, 이제는 성장하고 있다. 그러나 그 일이 쉬운 과정은 아니었다.

남편은 우리의 경험들을 나누는 데 동의했다. 우리의 결혼에 대해서 토론할 때마다 남편은 내 말을 매우 잘 이해해 주었다. 나 역시 진정으로 남편을 사랑하기 때문에 그를 깊이 존경하고 있다. 이 모든 것은 내가 남편과 문제가 있을 때마다 무릎을 꿇고 하나님께 좀 더 가까이 다가간 것의 결과다. 하나님께서 믿지 않는 배우자를 어떻게 사용하시는지 정말 놀라울 뿐이다. 나는 만약 우리가 그리스도인과 비그리스도인으로 부부가 되지 않았다면 내 삶이 어땠을까 가끔 궁금하기도 하다. 하지만 남편을 위해, 결혼생활을 위해, 내 자신을 위해 꾸준히 기도한 결과 영적인 도약을 이루었고, 영적인 성장을 해왔음을 깨닫고 있다.

조세와 결혼했을 당시 아무도 하나님을 알지 못했다. 하나님에 대해서 들어왔고 하나님이 행하신 위대한 일도 알고 있었지만 그분과 개인적인 만남을 갖지 못했다. 나는 결혼한 지 2년째 되던 해에 예수 그리스도를 영접했다. 그러나 이것은 남편에게는 문화적인 충격이었다. 우리의 모든 세계가 변화하기 시작한 것이다.

처음에는 남편이 왜 그리스도를 영접하기 전의 세계를 그리워하는지 이해할 수 없었다. 왜 남편은 하나님으로 인해 내가 누리는 기쁨을 같이 나누지 못할까, 왜 그는 나와 함께 신앙생활을 하려 하지 않을까 하고 늘 괴로운 마음을 안고 살았다. 사도 바울은 이렇게 말하고 있다.

"형제들아 내 마음에 원하는 바와 하나님께 구하는 바는 이스라엘을 위함이니 곧 저희로 구원을 얻게 함이라"(롬 10:1).

남편의 구원, 그것이 바로 내 마음의 소망이었다. 시간이 갈수록 하나님께서는 몇 가지 확실한 증거를 떠올리게 하셨다. 사람의 마음을 움직이는 유일한 분은 바로 하나님이라는 사실이다. 아무리 좋은 의도였다고 해도 내 힘으로 남편이 하나님을 찾도록 만들 수는 없었다. 심지어 남편을 교회로 가게 할 수도 없었다. 나는 빌어 보기도 하고, 하소연도 해보고, 울부짖는 등 육적으로 할 수 있는 여러 가지 많은 방법들을 시도했다. 그러나 하나님만이 그의 마음을 움직이실 수 있었다.

나는 하나님께서 어떻게 나를 축복하셨고, 어떻게 도전을 주셨으며, 어떻게 성장하게 하셨는가를 이 책에 썼다. 또한 결혼한 지 14년이 되어서야 하나님께 마음을 연 남편의 삶에 어떤 변화가 일어났는지도 기록했다. 나는 하나님의 능력은 우리 같은 부부 안에서도 역사하심을 깨달았다. 그렇다. 하나님의 능력은 믿지 않는 배우자와 결혼한 부부생활 안에서도 살아 있고 역사하신다!

나는 여러분들이 이 책의 내용을 통해 유혹을 피하기를 바란다. 대신 자주 잠시 멈춰 서서 자신의 결혼생활에 대해서 생각할 시간을 갖기 바란다. 이 책 각 장의 질문에 대한 답과 개념을 적을 수 있는 성경공부 학습장을 사용해 보라.

한 단원을 마치면 기도하라. 하나님에게 특별한 질문과 지혜, 그리고 계시를 구하라. 예를 들어 "이것을 내 삶에 어떻게 적용할 것인가?" "책 속의 내용 가운데 나에게 해당하는 부분은 무엇인가?" "이 책을 다 읽고 나면 나는 실질적으로 어떤 변화를 이루어야 하는가?" 등이다.

하나님 말씀의 진리와 하나님의 능력이 여러분의 삶에 체험으로
이어져서, 다른 사람들에게 그분의 진리를 전하는 일에 더 강하고 담
대해지는 것이 나의 진실한 소망이다.

이 책을 읽기 전에 먼저 다음과 같이 기도하자.

"사랑의 하나님, 우리를 향한 하나님의 선함과 자비하심에 감사드
립니다. 믿음으로 우리는 하나님의 능력이 우리의 결혼과 삶 속에 살
아 역사하심을 알고 있습니다. 하나님, 우리를 도우사 우리로 하여금
현재의 상황을 바로 보게 하시고 또한 주님을 바라보게 하옵소서. 우
리의 힘과 능력은 하나님께로부터 나옵니다.

아버지, 이 책에 나와 있는 여러 경험과, 생각, 그리고 성서적인 가
르침을 통해 지혜와 통찰력을 얻게 하시고 모든 상황에서도 강하게
하시며 주님을 기쁘시게 하는 삶을 살아가게 하옵소서.

사람들이 이 책을 읽을 때 하나님께서 주신 메시지를 받아들이게
하시고 하나님의 임재와 평화가 임하시기를 원합니다. 예수님의 이
름으로 기도합니다. 아멘."

CHAPTER
1
하나님의 능력은 살아 있다

1 하나님의 능력은 살아있다

만약 당신에게 어려운 일이 닥쳤을 때 혼자 해결하려고 한다면 금세 지칠 것이다. 때로는 하루하루를 살아간다는 것이 기적처럼 느껴질 때가 있다. 하나님의 능력은 언제나 유효하다. 그러나 우리가 스스로에게 도움이 되도록 하지 못한다면 무슨 소용이 있겠는가? 이는 마치 은행에 자신의 돈이 많이 쌓여 있지만 가난하게 사는 것과 같다. 이때 당신이 해야 할 일은 은행에서 돈을 인출하는 일이다.

성경은 하나님께서 자기 백성들에게 힘과 능력을 주신다고 말씀하고 있다(시 68:35, 마 9:8, 딤후 1:7). 주님의 이름 속에는 능력이 있고 그 피에도 능력이 있으며, 하나님의 말씀에도 그리고 사도들의 증언에도 능력이 있다. 우리는 하나님의 능력이 우리의 삶 가운데, 각자 처해진 상황에 역사한다는 사실을 잊어서는 안 된다. 그리고 우리의 결혼에도 역사한다는 사실을 배워야 한다. 우리가 해야 할 일은 기도하는 것뿐이다. 우리가 해야 하는 일은 구하고 받으며, 믿고 순종하는 것뿐이다.

그러나 솔직히 말해서 아마도 이 말을 자신에게 적용하는 사람은 드물 것이다. 지금 이 말을 하고 있는 나 같은 사람은 그런 말을 할 수 있어도, 정작 당신 자신은 '내가 과연 그렇게 할 수 있을까?' 라고 생각할지도 모르겠다. 하지만 전혀 그렇지 않다. 분명히 말하건대 그것은 내게도 쉬운 일이 아니었다. 왜냐하면 나도 약한 존재이기 때문이다. 따라서 나도 이 일을 해냈기에 당신도 분명히 할 수 있음을 명심해야 한다. 우리 안에 계신 하나님께서 우리의 결혼생활을 변화시키신다. 주 안에 있는 그 힘이 우리 안에 역사하신다.

주 안에서 강건하라

에베소서 6장 10절은 진실로 나에게 위로를 주는 말씀이다. 당신도 이 말씀으로 다른 사람을 격려할 수 있을 것이다. 이 말씀은 다섯 가지로 번역된다. 이 말씀을 읽고, 다음 구절을 읽기 전에 당신에게 무엇을 말씀하고 있는지 잠시 생각해 보라.

- 결국 내 영이 주 안에서 강하여지고 주님의 능력 안에서 강해진다(KJV).
- 결국 주님과 그의 힘 안에서 강해진다(NASB).
- 결국 주님 안에서 그리고 그의 위대한 능력 안에서 강해진다(NIV).
- 마지막으로 내가 당신에게 상기시키고 싶은 것은 당신의 힘이 당신 안에 있는 주님의 위대한 능력으로부터 나와야 한다는 것이다(TLB).
- 결론적으로 주님 안에서 강해지라—주님과 한 몸이 되어 능력을 얻으라. 주님으로부터 당신의 힘을 이끌어내라—그것이 바로 주님의 능력이 제공하는 힘이다(AMPLIFIED).

영어 성경에서 'finally' 라는 단어의 의미는 '더욱, 지금부터, 이제부터는, 더욱이' 등을 의미한다. 그러므로 성경은 당신의 상황이 어떠하든지, 당신의 눈앞에 있는 것이 어떤 것이든지 지금부터는 "주님 안에서 강하여지라"고 말씀하고 있는 것이다. 결혼생활 가운데 스스로가 나약해지고 지치며 지겨워질 때가 있다. 또한 앞으로 무엇을 해야 할지, 어떻게 극복해야 할지 고민될 때도 있다. 해답은 이것이다. 이제부터 앞으로 나아가는 것이고, 더욱이 주님 안에서 강건해지는 것이다. 결혼의 'final' 지점에 도달해야 하나님께서 역사하시는 것이 아니다. 전에는 나도 내 힘만으로 변화를 일으킬 수 있다고 생각했다. 그러나 절대로 그렇지 않다. 내가 하나님을 하나님으로 인정해야만 배우자와 내가 변화될 수 있다.

'주 안에서 강건해지는 것' 은 능력을 얻어 선한 일을 위해 움직인다는 것을 의미한다. 이 능력은 그리스어에서 나온 것으로 '두려운 능력' 을 뜻한다. 여기서 '다이너마이트' 란 말이 생겼다. 성경에서 '주 안에서 강건하라' 고 말씀하는 것은 우리에게 다이너마이트 같은 능력을 지니라는 의미다. 다이너마이트 같은 강력한 하나님의 능력으로 우리는 앞에 닥친 상황을 헤쳐나갈 수 있다.

우리는 "주님 안에서 강건하라" 란 말을 들었다. 자신의 힘으로 어떤 일을 하려고 애쓰면 우리는 곧 지치고 만다. 우리가 지치고 스트레스 받고 지겨워하면 그 무게감은 훨씬 크게 느껴진다. 그러나 우리 안에 하나님께서 살아 계시면, 주님과의 관계 때문에 영적으로 성장하게 된다. 매일 말씀을 연구하고 기도하면 주님의 능력 안에서 쉼을 얻을 수 있다. 우리는 강해질 수 있다. 우리의 힘으로 가능한 것이 아니라 주님의 힘으로 할 수 있는 것이다.

나의 결혼 이야기

하나님께서는 내 결혼생활 가운데 놀라운 일을 행하셨다. 내 삶 속에, 내 결혼생활 속에 그리고 내 가정 속에 하나님의 능력이 살아 있고 역사하셨다. 그것이 바로 내가 이 책을 쓸 수 있는 이유가 되었다. 때때로 나는 하던 일을 멈추고 과거를 되돌아본다. 지금의 내 모습이 도무지 믿어지지 않는다. 그것은 오직 하나님의 은총이었다. 이 이야기를 읽으면서 각자의 상황과 경험에 어떻게 적용할 수 있을지 생각해 보자. 아무리 놀라운 이야기라 할지라도 자신의 삶에 적용하지 않는다면 결코 좋은 것이 되지 못한다. 이 이야기를 읽고 나서 스스로에게 물어 보라. 나는 어떻게 다르게 살 것인가?

올해로 남편과 나는 결혼생활 17년째를 맞이했다. 그리고 16년 전에 나는 구원을 받았다. 우리가 결혼한 첫 해는 마치 천국과 같았고 기쁨이 넘쳤다. 그때 나는 주님에 대해서 알고 있었지만 주님과 아무런 관계없이 살고 있었다. 물론 자기 전에 기도해야 한다는 것도 잘 알고 있었고, 하나님은 선한 분이란 것도 알고 있었으며, 지역 교회에 십일조를 보내었지만 그뿐이었다.

나는 멋진 남자와 결혼했다. 남편은 훌륭한 요리사였다. 매일 밤 식탁에는 맛있는 요리가 차려졌다. 나는 미국회사에서 일을 했다. 동료들은 내가 일을 마친 뒤 집에서 매일 밤 촛불이 켜진 식사를 하고 있다는 사실을 믿지 못했다. 그러나 그것은 사실이었다.

남편은 또한 청소도 잘했다. 덕분에 집안에 얼룩 하나 없었다. 남편은 내가 매일 길고 힘든 하루를 보낸다는 사실을 알고 목욕물도 받아 주었다. 나는 '정말 멋진 생활'이라고 생각했다.

직장에 한 여직원이 있었는데, 그녀는 자신의 교회에서 일어나는 기적에 대해 항상 쉬지 않고 떠들어댔다. 나는 생각했다. '그래, 그래. 나도 하나님이 좋은 분이란 건 알고 있어. 하지만 교회에 가야겠다는 생각은 없어. 나는 너무 바쁘거든. 주말까지 일로 가득해. 나는 교회 갈 시간이 없어.' 하지만 그녀는 끈질겼고 마침내 나는 그녀와 함께 교회에 가게 되었다. 친교 시간 도중 모두가 간증하는 시간이 있었다. 모두가 일어나 하나님이 얼마나 좋은 분이신지에 대해 이야기를 했다. 그래서 난 이렇게 말했다. "좋아요, 나도 하나님을 안다구요. 나도 일어나서 간증을 하겠어요."

나는 일어나서 내 인생이 얼마나 멋진지, 내 남편이 얼마나 좋은지, 또한 매일 저녁이 얼마나 근사한지, 또한 내가 근무하는 미국회사에서의 월급이 얼마나 많은지에 대해 이야기했다. 당시 나는 새 집과 새 차를 막 구입했고, 다가올 여행을 위해 새 옷도 준비했다. 나는 내 또래가 원하는 거의 모든 것을 갖고 있었다. 그러나 여전히 뭔가가 허전했다. 하지만 그것이 정확히 무엇인지는 몰랐다. 이런 이야기를 하자 내 눈에 눈물이 맺히기 시작했다. 이 멋진 것을 다 갖고서도 나는 행복하지 않았다. 나는 얼른 자신을 추슬렀다. 눈물은 내 이미지에 어울리지 않았다.

"그러나 앞으로 모든 것이 다 좋아질 겁니다. 저는 천국에 들어갈 거구요. 베드로가 천국문에서 나를 맞이하며 '사브리나, 당신이 왜 여기에 들어와야 하죠?' 하면 이렇게 말하겠어요. '글쎄요, 나는 교회에 헌금을 했고, 성가대에서 봉사했고, 또 안내도 했어요. 나는 꽤 괜찮은 사람이고, 사람들도 나를 좋아하며, 대부분 좋은 일을 했어요'라고." 그러나 어쩐지 나는 그것이 천국에 들어갈 충분한 이유가 되는지 확신이 서지 않았다. 그래도 자리에 앉아 '괜찮은 간증을 했어'

라고 자신을 위로했다.

예배를 마치자 몇몇 사람이 내게로 다가왔다. 나를 교회에 초대했던 동료가 벽에 기대서 있는 것이 보였다. 그녀에게 나는 물었다. "사브리나, 무엇보다 베드로는 당신을 문에서 맞이하지 않을 거예요. 당신이 천국에 들어갈 것을 정말로 소원한다면 예수 그리스도를 믿으세요. 주님을 마음으로 받아들이고 주님과 함께 천국에 갈 수 있다는 믿음을 가지세요."

나는 즉시 예수님이 내 주가 되고 구원자가 되기를 간구했다. 주님으로 인한 기쁨이 내 안에 가득 차기 시작했다. 나는 전에 느껴 보지 못한 기쁨으로 매우 감격했다. 집으로 돌아오는 동안 한 가지 생각으로 벅찼다. '정말 대단해. 남편에게 이 소식을 전할 때까지 기다릴 수 없겠는걸. 나는 다른 것과 비교할 수 없는 구원자를 발견했어.'

하지만 그 순간 나는 남편이 종교 앞에 무릎을 꿇지 않는 사람이라는 사실이 떠올랐다. 전에는 우리 둘 다 축제 때를 제외하고는 교회에 가지 않았기 때문에 이것이 아무런 문제가 되지 않았다.

남편은 가톨릭 집안에서 성장했다. 미사도 정기적으로 참석했다. 묵주를 들고 기도도 했으며 고해성사도 했다. 그리고 9년 동안 신부님을 보러 가기도 했다. 남편의 아버지는 너무도 신실한 가톨릭 신자여서 남편은 종교를 싫어하며 자랐다. 나중에는 종교를 가지기 위해 노력도 했으나, 이미 교회에 대한 나쁜 경험이 그를 가로막았다. 결국 종교를 증오하게 되었고, 교회도 싫어했다. 내가 겪은 사건이 크고 놀라움에도 불구하고 나는 생각하기 시작했다. '어쩌면 그에게 지금 이 소식을 말해선 안 될지도 몰라.'

그래서 이 놀라운 경험을 비밀로 하고 새로 발견한 사랑을 품고 있었다. 그에게 말할 좋은 때를 기다리면서. 그런데 어느 날 아침, 더 이상 숨길 수 없게 되었다. 그날 아침, 친구가 전화를 해서 남편에게 물었다. "저기요, 사브리나가 당신에게 놀라운 일을 이야기하지 않던가요?" 나는 그때까지도 그 이야기를 하지 않고 있었다. 남편은 전화를 끊고 빈정거리는 말투로 대답했다. "그래, 당신도 그 지역교회에 동행했나요?" 내가 빨리 말하지 않은 점에 대해 남편은 불쾌해했다. 나는 교회에 참석해서 느끼게 된 좋은 점들에 대해서 말했다.

"여보, 그곳은 아주 좋은 곳이에요. 곧 당신도 그들을 좋아하게 될 거에요. 모두 젊고 생기가 넘치며 우리처럼 대학교육을 받은 사람들이에요. 또 다들 멋진 직업을 갖고 있어요. 신혼부부들도 많아요. 정말이지 당신도 교회를 좋아하게 될 거여요."

그는 내 말에 볼멘소리로 대답했지만, 그래도 나를 따라서 교회에 몇 번 참석했다. 나는 남편이 곧 교회가 좋은 곳이라는 것을 알게 될 거라고 생각했다. 그는 거기서 대학 때부터 알고 지낸 사람들을 몇 명 만나기도 했다. 나는 그 사실이 아주 기뻤다. '잘됐어, 남편은 곧 돌아오겠지. 그래, 남편은 돌아올 거야.'

그러나 남편은 돌아오지 않았다. 하지만 나는 꾸준히 예배에 참석했다. 나에게 가장 중요한 것은 교회 자체보다도 예수 그리스도에 대한 나의 약속이었다. 주님에 대한 사랑이 내 마음속에 자라고 있었고, 하나님의 말씀에 대한 소망이 있었다. 나는 하나님께서 어떻게 나를 창조하시고 삶을 주셨는지 알고 싶었다. 나는 시간이 날 때마다 교회로 달려갔고, 사람들은 기꺼이 문을 열어 주었다. 교회에서 집으로 돌아오면 나는 쉬지 않고 남편에게 이야기했다. "여보, 목사님이 뭐라고 하신지 맞춰 봐요" "목사님이 뭐라그 하신지 알고 있어요?" "성경 말씀에…", "그래서 목사님이 이렇게 말씀하셨죠…."

남편은 내 이야기를 들어주기는 했지만, 오래 참지는 못했다. 그는 시간이 지나면서 더욱 교회를 싫어했고, 목사님도 못마땅해했다. 나는 생각했다. '주님, 내가 뭘 잘못하고 있을까요? 나는 단지 주님을 너무 사랑하고 있을 뿐인데. 남편도 주님을 알게 되길 원합니다.' 그렇게 우리의 결혼 2년째의 시간이 흘러갔다.

천국 같던 기쁨의 세월이 어느새 희미한 추억이 되어버렸다. 우리는 그 이후 10년을 서로 어떻게 해야 할지를 배우려고 애쓰며 보냈다. 우리는 공통점이 하나도 없는 것 같았다. 결혼 초에 나를 기쁘게 하던 것들은 더 이상 나를 감동시키지 못했다. 주님을 내 인생에 받아들인 이후 난 완전히 다른 사람이 되었다. 내가 하던 것, 혹은 내가 원하던 일에는 더 이상 아무 소망이 없었다.

독자들도 처음 주님을 영접하고 구원받았을 때를 기억할 것이다. 아마 그때는 그 누구라도 완전히 새로운 삶에 눈을 떴을 것이다. 그리스도인으로서 마땅히 해야 할 일을 알게 되었고, 의로운 태도로 성경적인 접근을 해야 한다는 것도 알게 되었을 것이다. 나는 바로 그런 마음으로 집으로 돌아갔다. 내가 완전히 의로워졌다고 생각한 것이 가장 큰 잘못이었지만, 그때는 내 믿음이 너무 미약해 그것을 알지 못했다. 그래서 남편이 무언가 잘못을 저질렀을 때마다 나는 항상 "당신은 지옥에 갈 거예요" "하나님께서 그것 때문에 당신을 벌하실 거야" "당신이 어떻게 살아야 할지를 보여줘요"라는 말을 하곤 했다.

그리고 남편의 베개 밑에 성경을 놓아두고, 점심 도시락은 물론 집 안의 거울과 냉장고 등 눈에 띄는 곳마다 메모와 성경 구절을 구석구석에 붙이기 시작했다. 믿지 않는 사람들이 보면 온통 성경 구절로 넘쳐나는 집처럼 느꼈을 것이다. 다른 사람이 당시 내가 느꼈던 기쁨을 상상할 수 있을까? 나는 지금도 가끔 과거를 돌이켜본다. 그러면 우리 부부가 결혼생활을 지금까지 계속 할 수 있었던 것은 하나님의 은총 때문이었다는 사실을 확인하게 된다. 내가 일부러 그런 것은 아니지만, 내 남편을 구원하시도록 돕겠다며 나서서 거의 모든 일을 엉망으로 만들고 있다는 것을 하나님은 알고 계셨다.

주님께 초점을 맞추면 생각이 달라진다

이 시점에서 예로 들고 싶은 한 커플이 있다. 믿지 않는 남편과 결혼생활을 하는 대부분의 여성들은 이 말씀을 한 번 이상 들어 보았을 것이다.

> "아내 된 자들아 이와 같이 자기 남편에게 순복하라 이는 혹 도를 순종치 않는 자라도 말로 말미암지 않고 그 아내의 행위로 말미암아 구원을 얻게 하려 함이니"(벧전 3:1).

내가 말하고 싶은 것은 성경에서 말씀하고 있는 것은 구원을 받을 수도 있고, 아닐 수도 있다는 점이다. 당신이 조용하고 남편에게 다정하게 대하며 또한 남편에게 순종한다고 해서 당신의 남편이 2주 안에 혹은 어떤 특별한 때에 구원을 받는 것은 아니다. 상담하다 보면 남편의 구원에 대해서 죄책감을 갖거나 두려움을 갖고 있는 아내들을 많이 본다. 그러나 우리도 하나님 없이 살았던 때가 있고, 구원이 필요한지 충분히 알지 못한 때가 있었음을 기억해야 한다. 비록 우리가 알았다 해도 우리는 자신을 구원할 수 없었을 것이다.

어떤 사람도 자신의 힘으로 결코 구원할 수 없다. 배우자의 구원에 대해 무거운 짐을 지거나 책임감을 갖지 말라. 당신은 현재의 상황이 언젠가는 변할 것이라고 전적으로 믿지 않고 있다. 그러므로 앞으로 나아가라. 당신이 먼저 행하라. 남편에게 그가 잊고 있는 것이 무엇인지 말하고 목사님의 말씀을 자랑하라. 그러면 남편은 무엇인가를 할 것이다! 이렇게 많은 시간을 보내고 나면(이것은 정말 엄청난 시간이다) 주님께서 우리를 이끄신 것과 같이 당신의 남편을 이끌어 주실 것을 믿으라.

우리가 기억해야 할 두 번째는 우리 모두가 죄인이라는 사실이다. 하나님께서 우리를 사랑하셨기에 독생자 예수님을 우리에게 보내셨다. 예수님께서는 죄인인 우리를 위해 죽으셨다. 우리도 이렇게 배우자를 사랑해야 한다. 고장 난 시계가 수리되기를 기다리는 것처럼 남편이 변화되기를 기다려서는 안 된다. 혹은 우리가 주님의 사랑을 보여 주기 전에 남편들이 구원받기를 기다려서도 안 된다.

남편의 구원을 열망하는 중에 우리가 해야 할 일은 주님의 사랑을 보여 주는 것뿐이다. 사랑, 희락, 화평, 오래 참음 등의 성령의 열매는 그림으로 그릴 수 없는 것들이다. 우리는 남편이 구원을 받을 수 있도록 많은 노력을 기울이지만, 정작 우리 삶 가운데 완전한 성령의 열매를 맺지 못하고 있다. 진정으로 '모든 성령의 열매'를 맺기 원한다면 앞으로도 계속해서 성장해야 한다. 그러므로 우선 당신이 배우자보다 낫다는 생각을 멈추라. 그는 당신을 통해 무엇이 옳은지 알 수 있다. 당신의 교만한 태도로는 따뜻함을 전하지 못한다.

내 친구 디는 나보다 이야기를 잘한다. 그녀는 로버트와의 결혼 초기에 남편이 매주 성경공부 시간에 가기 싫어한다는 것을 알아챘다. 하지만 이것은 남편 자신을 위해서라도 받아들일 수 없는 행동이었고, 이러한 자신의 생각을 남편에게 분명히 했다. 그녀는 남편과 많은 다툼을 벌여야 했다. 그런데 그녀가 나중에 깨달은 것은, 남편에 대한

실망이 그녀 스스로 영적으로 우월하다고 인식하고 있는 것과 관계
가 있다는 사실이었다. 그녀는 남편을 자기 마음대로 조종하려고 한
행동에 대해 사과했다. 그러자 무슨 일이 일어났을까? 하나님께서 그
의 삶 속에 역사하셨고, 그는 성경공부에 정기적으로 참석하기 시작
했다.

두 사람이 함께 결혼을 통해 한 팀을 이루었으나 영적으로 불균형
을 이룬다면, 곧 한 사람만 전적으로 하나님 앞으로 나아가려고 애를
쓴다면 둘 다 힘든 시간을 겪는다는 것을 잊지 말아야 한다. 또한 둘
이 함께 짐을 진 목적은 그 일을 더 쉽게 하기 위한 것임을 명심하라.
부부가 영적으로 같은 선상에 있지 않으면 한 사람이 두 배나 되는 일
을 하고 있는 것이다.

이 사실이 이해되자 "나는 왜 내가 모든 것을 해야 하지?" "왜 내가
영적 거인(물론 나는 절대로 영적 거인이 아니었다. 다만 그렇다고 생
각했을 뿐이다)이 되어야 하는 거지?" "주님, 어째서 도움을 얻을 수
없는 건가요?"라는 물음을 멈출 수 있었다. 내가 두 배로 일하고 있었
음을 깨달았다. 혼자서 두 사람의 짐을 지고 있었던 것이다. 그러나
영적인 부분 외에 다른 부분에서까지 남편의 책임을 졌다는 것은 아
니다.

나는 가족을 영적인 여행으로 이끌어야 했다. 주님을 알았던 사람
이 나 하나였던 것이다. 하지만 주님께 내 짐을 맡기기로 하자, 그 여
행은 더 이상 힘겨운 시간이 아니었다. 도움을 받을 수 있었기에 오히
려 기쁨이 되었다. 그 이후, 나는 더 이상 두 배로 일을 하지 않았다.
과거에도 그랬지만 현재도 그 짐을 지고 있는 것은 나와 주님이다. 그
것은 또한 주님의 소원이기도 하다. 당신에 대한 주님의 소원도 마찬
가지다.

마태복음 11장 29절을 기억하는가? "나는 마음이 온유하고 겸손하니 나의 멍에를 메고 내게 배우라 그러면 너희 마음이 쉼을 얻으리니." 그렇기 때문에 하나님께서는 전능하시다. 나는 그분이 하실 수 있다는 것을 알고 그분이 일하시는 것을 지켜볼 뿐이다. 14년 후에 남편과 나에게는 많은 이슈들이 생겼다. 그것은 어떤 이유에서든 결코 쉽지 않은 것이었지만, 나에게는 전능하신 하나님이 계셨고 또한 그 사실이 나를 앞으로 나아가도록 하는 힘이었다.

당신의 상황이 어떠하든지 당신의 남편을 변화시킬 수 있다. 당신은 당신의 삶을 변화시키도록 역사하는 하나님의 능력을 가지고 있다는 사실을 기억하라. 주님께 초점을 맞출 때 가정에서 일어나는 일에 대한 시각이 바뀐다. 비록 그것이 어렵고 힘들지라도, 또한 앞으로 나아가는 것이 불가능하게 여겨질지라도 하나님의 능력이 당신과 함께하는 한 능히 해낼 수 있다.

이제부터 시작이다. 주님 안에서 강건해져라. 당신이 무엇을 하든지, 또한 당신 앞에 어떤 일이 닥쳐오더라도 당신은 남편을 바꿀 수 있는 기회를 갖고 있다. 하나님께서 당신을 통해 역사하시기를 받아들인다면 그분의 능력이 진실로 살아서 움직일 것이다. 당신도 얼마든지 이러한 놀라운 일을 체험할 수 있다.

성령의 열매가 추진력의 키워드

당신 속에서 자라나고 있는 성령의 열매는 믿지 않는 배우자와 함께 사는 당신을 앞으로 나아갈 수 있게 해줄 것이다. 갈라디아서 5장 22-23절에서 성령의 열매는 '사랑, 희락, 화평, 오래 참음, 자비, 양선,

충성, 온유, 절제' 다.

이 아홉 가지 성령의 열매에 관한 개인적인 목록을 만들어 보자. 다음의 목록을 보면서 당신에게 풍부하다고 느껴지는 성령의 열매 항목에 '플러스' 표시를 해보자. 예를 들어 사랑이 충만해서 대부분의 사람들이 싫어하는 이들도 사랑하며 조건 없는 사랑을 보여주고 있다면, 해당 항목에 플러스 표시를 하라. 또한 당신이 이기적이지 않고 항상 나누고 베푼다면 '양선'에 플러스 표시를 하라. 목록을 지나치지 말고 각각에 맞게 플러스 표시를 하라. 단 자신의 정직한 마음으로 표시하라. 이것은 주님께서 진정으로 당신 속에 계셔서 기름 부어 주신 부분이다.

다음으로 당신에게 부족하게 느껴지는 영역을 찾아보자. 이 영역은 당신이 실제로 힘든 시간을 겪고 있는 부분이다. 적어도 한 개나 두 개 이상이 될 것이다. 이것 역시 정직한 마음으로 찾은 후에 그 부분에 마이너스 표시를 하라. 그 마이너스 표시는 당신이 다른 사람들에게 보여 주고 싶지만 당신 속에서는 발견할 수 없는 열매를 나타낸다.

사랑, 희락, 화평, 오래 참음, 자비, 양선, 충성, 온유, 절제 가운데 우리가 특히 기억해야 할 성령의 열매 한 가지가 있다. 그것은 하나님께서 주신 것이어서 우리가 만들어 낼 수 없는 것이다. 우리는 충성을 불러일으킬 수 없다. 충성은 이미 당신 안에 준비되어 있다. 왜냐하면 하나님의 영이 당신 안에 계시기 때문이다. 으리가 마이너스를 표시한 항목을 앞으로 얼마나 풍성하게 열매 맺을 수 있을 것인가는 우리가 얼마나 성장하느냐에 달려 있다. 그렇다면 과연 당신은 지금 그 영역에서 성장하고 있는가?

당신이 예수님 안에서 새로운 피조물이 되었을 때 이미 필요한 생명과 경건의 모든 것을 받았다. 그러나 비록 우리가 변화되었다 해도 우리는 주님 안에서 아이 같고 아이에게는 성장을 위한 양식이 필요하다. 성령으로 거듭난 영혼은 영적인 영양을 섭취함으로써 자랄 수 있도록 도와야 한다. 이를 위해서는 말씀을 규칙적으로 공부해야 하고, 무릎을 꿇고 정기적으로 기도해야 한다. 이러한 태도들이 영적인 성장을 도울 것이다.

각각의 성령의 열매를 살펴보자. 특히 당신이 표시한 항목을 주의하고, 주님 안에서 성장하지 못하며 영적으로 나아가지 못하고 있을 때마다 기억하라.

사 랑 : 아가페적인 사랑을 보여주지 못할 때마다 당신은 스스로 화가 날 것이고 마음은 비판적이 될 것이다. 그렇게 되면 당신의 사랑은 조건적일 수밖에 없다. 고린도전서 13장 1-7절을 읽어보자.

며 교만하지 아니하며 무례히 행치 아니하며 자기의 유익을 구치 아니하며 성내지 아니하며 악한 것을 생각지 아니하며 불의를 기뻐하지 아니하며 진리와 함께 기뻐하고 모든 것을 참으며 모든 것을 믿으며 모든 것을 바라며 모든 것을 견디느니라.”

결혼 초기에 내가 남편에게 베푼 사랑은 조건적이었다. 그러나 주님을 영접한 이후, 주님이 나를 사랑하신 것처럼 무조건적으로 남편을 사랑해야 한다는 것을 알게 되었다. 남편이 내가 원하는 대로 반응하면 나는 매우 사랑스런 아내가 되었지만, 그렇지 않을 때의 내 태도는 더 큰 문제가 되었다. 내가 사랑에 대해 더 잘 알고 있었지만 내 사랑은 조건적이었다.

희 락 : 성경은 구원의 기쁨에 대해서 말하고 있다.

“주의 구원의 즐거움을 내게 회복시키시고 자원하는 심령을 주사 나를 붙드소서”(시 51:12).

주님을 알고 주님으로 충만하게 되면 우리는 기쁨을 누릴 수 있다. 우리의 기쁨은 우리에게 하늘의 아버지가 계시다는 사실을 아는 것과, 또한 우리의 죄를 깨닫게 하시고 우리를 간섭하시는 성령을 아는 것에서 나온다. 이러한 기쁨은 당신의 상황에서 나오는 것이 아니고 당신의 환경에서 나오는 것도 아니다. 당신의 주변에서 나오는 것이 아니라, 예수님을 아는 데서 기쁨이 나오는 것이다.

그러므로 당신의 주변에 초점을 맞추지 말라. 당신의 상황을 살필 필요는 있지만, 그런 후에는 하나님께 시선을 고정시키라. 당신은 위를 바라보아야 한다.

"내가 산을 향하여 눈을 들리라 나의 도움이 어디서 올꼬"(시 121:1).

그렇다. 바로 하나님께로부터 도움이 나온다. 그곳에서 당신의 기쁨을 발견하게 될 것이다.

주석을 보면 시편 5편 11절에, "오직 주에게 피하는 자는 주의 기쁨을 신뢰할 것이고 기쁨으로 소리쳐 노래할 것이다. 하나님께서 그들을 덮으시고 보호하시기 때문이다. 주의 이름을 사랑하는 자는 주 안에서 즐거워할 것이고 높은 영에서 즐거워하리라"고 쓰여 있다. "높은 영에서 즐거워하리라"란 구절을 보자. 이 말은 모든 일이 당신의 생각대로 되지 않는다고 얼굴을 찡그리거나 낙담하란 말이 아니다. 당신은 기뻐해야 하고 긍정적인 사람이 되어야 한다.

화 평 : 일이 엉망이 되었을 때 화평하기란 쉬운 일이 아니다. 집안 일이 제대로 되지 않으면 화평을 얻기 힘들다. 하나님께서는 무질서의 하나님이 아니시다.

"하나님은 어지러움의 하나님이 아니시요 오직 화평의 하나님이시니라"

(고전 14:33).

혼돈의 상황에서 안식이란 있을 수 없다. 안식이 없다면 당신은 화평한 것이 아니다. 항상 혼란과 다툼만이 있다면 당신은 화평하지 못한 것이다. 그러므로 어리석게 행동하지 말라. 하나님의 평안을 당신이 누릴 수 있고, 그것은 모든 이해를 초월한다는 것을 기억하라. 심지어 당신이 폭풍 한가운데 있다 하더라도 말이다.

다툼이나 혼란 속에 있다면 당신은 결코 평안을 얻을 수 없다.

오래 참음 : 사람들이 "욥의 인내를 가져라"고 말하는 것을 들을
때마다 흥미가 생긴다. 당신이 '욥 이야기'를 읽기 전에는 이 충고가
좋게 들린다. 욥은 많은 것을 겪은 사람이었다. 최근에 나는 〈욥의 아
내〉란 책을 읽은 적이 있는데, 대부분은 욥의 아내에 대해서 결코 많
이 들어보지 못했을 것이다. 그러나 그녀 역시 훌륭한 인내심을 갖고
있었다.

그녀는 여러 가지 사건을 겪고 난 후, 즉 이야기의 끝부분에서 죽
음을 맞이한다. 욥과 같은 인내심을 갖는다는 것은 당신이 여러 가지
일을 연속해서 겪어야 한다는 것을 의미한다. 내 상황은 솔직히 욥만
큼 나쁘지 않았기에 인내심을 갖는 것은 비교적 쉬운 일이었다. 상황
이 좋지 않고, 또 내 눈앞에서 없어졌으면 하고 바랐던 일도 있었지만
욥과 비교한다면 그렇게 나쁘지는 않았다.

자 비 : 현재 마음이 괴롭거나 무감각하고 냉정하다면, 혹은 모든
일에 냉소적이라면 자비롭다고 생각하지 말라. 결혼 3년째, 남편은
내가 매우 눈치 빠르고 위트가 넘치는 것이 매우 재미있다고 말했다.
그러나 그것은 내가 냉소적이라는 뜻이었다. 그는 여러 가지 말로 내
게 상처를 입혔다. 남편은 폭력과 다름없는 언어로 상처를 주었고, 나

는 울면서 화장실로 달려가곤 했다. 그러나 눈물을 다 닦아낼 때면 난 다시 충전이 되었고, 싸울 준비를 하고선 밖으로 나왔다. 나의 태도는 매우 냉소적이었다. 전혀 친절하지 않았고, 부드럽거나 온유하지 않았으며 겸손하지도 않았다. 이런 나의 모습을 보면서 어떻게 남편이 성령의 열매가 내 안에 있고 주님을 위해 살아간다고 느낄 수 있었을까?

내가 진실로 주님을 위해 살아간다고 말하려면 우선 혀 길들이는 법을 배워야 했다. 하지만 혀를 길들이기란 매우 어려운 일이었다. 쉼 없이 지껄이는 혀를 멈추기 위해서는 살아서 역사하시는 하나님의 능력이 필요했다. 로마서 12장 1절은 혀를 포함한 우리 몸을 하나님이 기뻐하시는 거룩한 산 제사로 드리라고 가르친다.

양 선 : 양선은 인색하거나 자기 중심으로 베푸는 것이 아닌 관대함과 관계가 있다. 비록 나는 그렇게 생각하더라도 세계는 나 중심으로 돌아가지 않는다. 남편이 구원을 받는다면 내 모든 세계도 변할 것이라고 생각했다. 예수님 안에 있는 그의 새 삶이 나에게 어떤 기회를 주지는 않을까 하고 생각했다. 그러나 불행하게도 세계는 나를 중심으로 돌아가지 않는다. 늘 다른 이슈들이 있고 다른 삶의 이야기들이 있다. 우리는 각각 다른 이야기를 갖고 있다.

우리는 종종 우리 자신의 이야기를 가장 나쁘거나 혹은 가장 중요하다고 여기지만 사실은 그렇지 않다. 내가 많은 것을 겪었다고 생각해도 어쩌면 누군가의 절반만큼도 안 될 수 있다. 세계는 결코 나 자신을 중심으로 돌아가지 않으므로 당신의 상황을 위해서만 기도하지 말라. 믿지 않는 배우자와 힘든 결혼생활을 하는 모든 사람들을 위해 기도하라. 또한 여러 가지 시련 속에 있는 부부들을 돕기 위해 기도하

라. 그리고 배우자와 자신 모두를 위해 기도하라. 두 사람 모두 진심으로 기도가 필요하다.

당신은 하나님의 은혜로 구원을 받았고 이미 주님을 알고 있으나 당신의 배우자는 주님을 알 필요가 있는 사람이다. 그러므로 자신을 위해 기도할 때 항상 배우자를 위해 기도하라.

충성 : 하나님 안에서 충성한다는 것은 하나님의 말씀이 한줌의 의심도 없는 진실이라는 것을 알고, 하나님께서 말씀하신 대로 이루어질 것을 믿는 것을 의미한다. 항상 걱정한다는 것은 하나님을 신뢰하지 않고 있다는 것과 다름없다. 믿음과 자신의 가치를 잃어버린다면 하나님을 신뢰하는 것이 아니며, 앞으로 닥칠 일을 두려워한다면 믿음으로 충만한 삶이 아니다.

구원받은 사실을 남편에게 말하기 두려워한 것은 결국 하나님에 대한 믿음을 갖지 못한 것이었다. 나는 하나님께서 그 상황을 해결하실 것이라고 전적으로 신뢰하지 못했다. 내 버릇은 항상 세 걸음 앞서서 생각하는 것이었다. '지금 내가 이것을 한다면 남편은 아마 이렇게 생각할 거야, 만일 내가 저것을 한다면 아마 그는 이렇게 말하겠지, 그가 어떻게 응답할지 확실히 모르니까 기다려야 할지도 몰라, 그렇게 되면 남편은 날 신경 쓰지 않겠지' ….

나는 각각의 예상 가능한 반응에 대비하고 싶었다. 그러나 나는 하나님을 기다리고 그분에게 충성하는 것을 배우며, 하나님께서 말씀하신 것을 반드시 이루시는 분이라는 사실을 확실히 알아야 했다. 또한 모든 사람의 몫을 감당하려고 애쓰는 것이 아니라 내 몫을 충성하는 일도 배워야 했다.

온유 : 온유는 온순한 영을 통해 우리 삶에 뚜렷이 나타난다. 우리가 하나님의 방식 앞에 우리 자신을 열면 하나님께서는 그분의 방식이 우리의 것보다 우월함을 가르쳐 주신다. 온유함은 하나님의 법 앞에 순종하는 데서 나타나며, 겸손한 자세를 말한다. 이 열매가 결혼생활에서 확실히 나타나면 두 사람 모두 대단한 이익을 거둘 수 있다.

온유는 악을 선으로 갚는 법을 가르쳐 주는데, 그것은 확실히 하나님을 의지하는 것이다. 온유한 기도란 이런 기도다. "나는 약하나 주님은 강하시다. 내 의지가 아니라 주님 뜻대로 하옵소서." 우리가 하나님의 길에서 벗어나면 성령께서 제어하시는데 바로 이것이 기적이다. 하나님께서 당신의 상황 속에 나타나시기를 원한다면 온유의 열매를 지녀야 할 것이다.

절제 : 나는 항상 왜 절제가 이 목록의 끝에 있는지 궁금했다. 절제는 우리에게 매우 부족한 것이므로 처음에 와야 한다. 대개 우리는 성령의 열매들을 보여 줄 수 있다고 생각하고, 또한 절제가 쉽다고 여긴다. 그러나 우리에게는 대부분 절제가 상당히 부족하다. 절제의 열매를 맺기란 생각보다 훨씬 어렵다. 우리는 아직 우리의 혀와 행동, 삶의 태도를 제어하는 법을 익히지 못했다. 성경은 모든 생각을 사로잡으라고 말씀하고 있다.

"모든 이론을 파하며 하나님 아는 것을 대적하여 높아진 것을 다 파하고 모든 생각을 사로잡아 그리스도에게 복종케 하니"(고후 10:5). 우리의 삶과 결혼에서 더 많은 절제가 이루어져야 한다.

하나님은 나를 통해 일하기 원하신다

하나님께서는 우리의 삶 속에서 끊임없이 일어나는 일을 통해 자신을 드러내신다. 우리가 진정으로 하나님께 가까이 갈 때 우리는 매우 강해지고, 이것은 우리가 닥치는 일들 앞에 좌절하지 않게 해준다. 하나님께서 우리를 강하게 하시는 것은 그분의 목적을 완성하기 위해 함께 일하도록 하시기 위해서다. 하나님께 집중할 때 우리 일을 하나님께서 감당하시는 것을 보게 되고, 우리를 사용하기 원하신다는 것을 알게 된다. 하나님의 일에 참여할 때 우리는 하나님께 속한 유용한 도구가 될 수 있다. 이것은 매우 경외로운 일이다.

관점을 바꾸면 우리는 전쟁 중임을 알게 된다. 우리는 결혼생활을 지키기 위해 싸우고 있는 것이다. 우리는 현명해야 한다. 사탄은 우리의 평화와 기쁨을 빼앗고 우리의 결혼과 약속을 파괴하기를 원한다. 성경은 우리가 사탄의 계략을 무시해야 한다고 말씀하고 있다.

"이는 우리로 사단에게 속지 않게 하려 함이라 우리가 그 궤계를 알지 못하는 바가 아니로라"(고후 2:11).

우리 안에는 살아서 역사하시는 하나님의 능력이 있다. 또한 우리 안에는 성령의 열매가 자라고 있다. 우리는 앞으로 더욱 하나님께서 우리를 위해 베푸시는 모든 것을 얻어야 한다. 바울은 이렇게 말하고 있다.

"종말로 너희가 주 안에서와 그 힘의 능력으로 강건하여지고 마귀의 궤계를 능히 대적하기 위하여 하나님의 전신 갑주를 입으라 우리의 씨름은 혈과 육에 대한 것이 아니요 정사와 권세와 이 어두움의 세상 주관자들과 하늘에 있는 악의 영들에게 대함이라 그러므로 하나님의 전신갑주를 취하라 이는 악한 날에 너희가 능히 대적하고 모든 일을 행한 후에 서기 위함이라"(엡 6:10-13).

우리는 자신을 세워야 하고 또한 다른 사람이 설 수 있도록 도와야 한다. 당신의 결혼생활이 나쁠 수도 있지만, 가장 최악은 아니다. 당신은 일어서야 한다. 홀로 서 있을 필요도, 당신 혼자의 힘으로 일어설 필요도 없다. 살아 계시고 역사하시는 하나님의 능력이 우리가 설 수 있도록 도우신다. 당신의 힘과 에너지로는 당신의 배우자를 조건 없이 사랑할 수 없다. 이것은 선한 싸움을 위한 기회다. 당신 안에 계신 하나님께서는 당신이 일어설 수 있도록 당신을 충분히 강하게 하신다.

하나님께서는 오늘을 살아갈 수 있는 힘을 주신다. 그리고 당신을 당신의 가정에, 당신의 남편에게 보내신 마땅한 이유가 있다는 것을 기억하라. 하나님께서는 당신 안에서, 당신을 통해서 일하기를 소망하신다. 당신은 그분의 능력과 힘 안에서 허락하신 일을 감당할 수 있다.

"너희 안에서 행하시는 이는 하나님이시니 자기의 기쁘신 뜻을 위하여 너희로 소원을 두고 행하게 하시나니"(빌 2:13).

우리 모두 이렇게 기도하자.

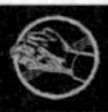 **Prayer**

"하늘에 계신 아버지, 많은 사람들이 이것을 읽게 하신 것에 대해 감사드립니다. 아버지께서는 우리의 상황을 알고 계십니다. 또한 우리의 상처와 아픔을 알고 계십니다. 주님. 주께서 우리를 도와 끝까지 인내할 수 있기를 기도합니다.

주님의 능력과 영광에 감사드립니다. 주님, 주님의 능력으로 우리를 도와 주시니 감사드립니다. 우리의 삶이 주님의 능력으로 변화되어 주님으로부터 오는 메시지를 명확히 듣게 하옵소서. 주님 안에서 우리를 강하게 하옵시고, 주님의 메시지를 다른 이와 나누게 하시며, 다른 사람에게 희망을 주는 상징이 되게 하소서.

사랑하는 주님, 우리의 배우자를 위해 기도합니다. 그 역시 누구도 무너뜨릴 수 없는 주님의 소망임을 압니다. 그래서 모두가 주님의 은총으로 구원받게 하옵소서. 모두가 주님을 알고 주님 안에서 자랄 수 있도록 하옵소서. 예수님의 이름으로 기도합니다. 아멘."

CHAPTER

2

믿지 않는 배우자와
함께 산다는 것은

2 믿지 않는 배우자와 함께 산다는 것은

　'불평등하게 짐 진 결혼생활' 즉 믿지 않는 배우자와 함께 산다는 것은 어떤 의미를 가지고 있을까? '멍에'로 번역된 'yoke'란 동사는 '결합되다' 혹은 '연결되다'를 뜻한다. 웹스터 사전은 'yoke'를 각각의 다른 물건을 함께 묶는 기구라고 정의하고 있다.

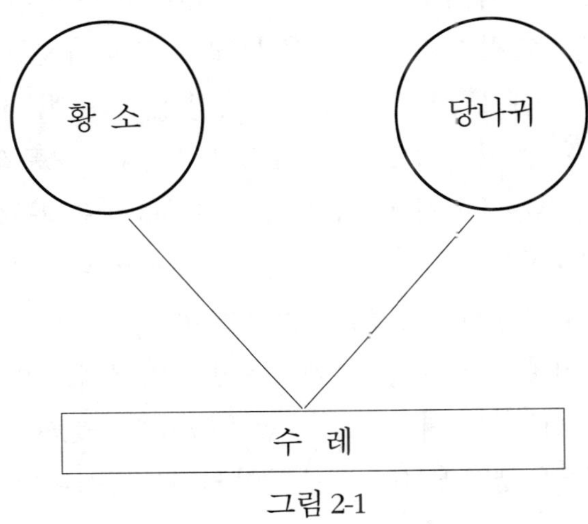

그림 2-1

농경사회에서 'yoke'는 농사를 짓기 위해 두 동물을 하나로 묶는데 흔히 사용되었다. 농사를 위해 황소나 노새, 혹은 말 한 쌍의 목을 멍에로 연결한 것이 그 예다. 멍에로 연결된 가축 한 쌍이 뒤에 묶인 큰 쟁기를 끌고 땅을 돌면서 경작했다. 성경에서도 멍에는 종종 당나귀, 노새, 혹은 황소를 한데 묶어 쟁기나 수레를 끄는 데 사용되는 도구를 일컫는다.

멍에의 목적은 노동 시간의 생산성을 두 배로 늘리는 것이다. 혼자서 일을 하는 것보다 둘이 할 때 더 많은 양을 할 수 있고, 더 잘 해낼 수 있다. 다시 말하자면, 한 팀이나 한 쌍이 서로 모순이 없고 같은 방향으로 함께 움직인다면 더 빠르고 쉽게 일을 수행할 수 있다는 말이다. 이럴 때의 힘은 두 배나 세고 훨씬 안정된다.

불평등한 멍에를 진 관계

불평등한 멍에를 진 관계란 다른 한 쪽이 수레 끄는 것을 도와주지 않고 있다는 뜻이다. 당신은 왜 당신이 그 많은 책임을 져야 하는지, 혹은 왜 그렇게도 할 일이 많은지 알아보려고 한 적이 있는가? 그 이유는 당신이 두 배로 일을 하고 있기 때문이다. 이 관계는 내가 계속 해대는 질문을 멈출 수 있도록 도와주었다. "왜 내가 모든 일을 해야만 하는가?" 이에 대한 대답은 간단했다. 왜냐하면 불평등한 멍에를 지고 있기 때문이었다. 한 팀을 이루어 함께 수레를 끌고 있는 남편이 내내 나와는 다른 방향으로 끌고 있었던 것이다.

사람이나 가축, 모두 불평등하게 멍에를 지면 문제가 따르기 마련이다. 완전히 다른 부류의 두 가축을 함께 묶어 멍에를 지게 할 때 일어나는 문제들을 생각해 보라. 예를 들어 당신이 황소와 당나귀를 갖고 있다고 하자. 그리고 그 둘을 함께 멍에에 묶는다고 가정해 보자. 황소는 당나귀보다 훨씬 힘이 세고, 당나귀에게 주는 먹이는 황소에게 맞지 않아 탈을 일으킨다. 그리고 다리의 길이도 각각 달라서 보조를 맞출 수 없고, 각각 속도도 달라 균형을 맞추어 앞으로 나가기도 힘들 것이다.

그렇기 때문에 멍에는 같은 부류의 가축으로 한 팀을 이루어서 함께 지도록 만들었다. 당나귀가 황소보다 앞서 가면 황소의 무게로 당나귀는 숨이 막히게 된다. 마찬가지로 당나귀의 속도에 이끌려 억지로 따라가야만 하는 황소의 목 역시 조여진다. 이렇게 각각 다른 부류의 가축이 함께 멍에를 지고 수레를 끌면 결국 서로 목을 조이게 된다. 사실 성경도 이와 같이 말하고 있다.

"너는 소와 나귀를 겨리하여 갈지 말며"(신 22:10).

이러한 일은 불평등하게 멍에를 진 부부 관계에서도 나타난다. 즉 배우자 가운데 한 쪽은 그리스도인이고, 다른 한 쪽은 비그리스도인이라면 마치 서로 다른 부류의 가축이 한 멍에를 진 것처럼 서로를 잡아당기게 된다. 심지어 영적으로 균형이 맞지 않다면, 다른 영역에서도 조화와 균형을 이루기 어렵다. 예를 들어 정치, 교육, 개인적인 도덕이나 가치, 사회적 기술 등에서 균형을 이루기가 어렵다.

그 가운데서도 이 책의 초점은 믿는 사람과 믿지 않는 사람이 결혼했을 때의 불균형과 그 결과에 초점이 맞춰져 있다. 이러한 불균형 관계로 묶인 두 사람이 동시에 앞으로 나아가기 시작하면, 하나님을 믿는 한쪽 배우자는 믿지 않는 배우자를 자기 쪽으로 무조건 끌어오려고 노력할 것이다. 이때 끌려오는 사람 편에서 고통을 느낄 수 있다.

끌어당기는 쪽에서 끌려오는 쪽의 배우자를 숨 막히게 하고, 서로의 관계를 조이기 때문이다.

이러한 불균형 관계에서 지게 된 결혼의 멍에 때문에 그리스도인으로서 당신의 자유는 다소 제한적일 수 있다. 당신은 부부간에 균형적인 관계를 만들기 위해 믿지 않는 배우자를 끌어당겨 앞으로 나아가려고 애쓸 것이다. 반면 당신의 배우자는 고의적으로 끌려오지 않으려고 버티거나 당신을 앞으로 못 가게 할 수도 있다. 그렇게 되면 당신의 노력이 헛되거나 함께 앞으로 나가는 것 자체가 불가능하게 된다.

웨슬리와 메이 부부의 예를 들어보자. 결혼생활 16년째가 되자 메이는 자녀들을 공단주택에서 키우기를 원치 않았다. 또한 그녀는 집을 살 수 있다고 주장했다. 그러나 웨슬리는 저소득 지역에서 사는 것이 생활비를 절감할 수 있는 방법이라고 생각했기 때문에 이사를 가야 할 필요를 느끼지 못했다. 그러나 메이는 그 환경이 '그녀의' 아이들에게 최선이 되지 못한다는 생각에, 남편이 새 집을 사기로 동의하기까지 계속 고집을 피웠다.

웨슬리는 그의 재정적 부담이 늘어나는 것 때문에 처음으로 메이를 원망했다. 아이들이 '그녀의' 아이였기 때문에 그는 이사한 후 4년 동안 경제적 도움을 주지 않고 그녀 홀로 아이들을 양육하도록 내버려 두었다. 30년이 지난 지금 웨슬리는 그 혼란을 반복하지 않는다. 이제 그는 새 집으로 이사하려는 아내의 깊은 생각을 신뢰한다.

우리는 모든 일에 적합하게 만들어지지 않았다. 한편 우리 각자는 결혼생활을 하나로 만드는 부부 연합의 특별한 선물/힘을 가져오기도 한다. 그러나 배우자가 결혼생활의 질을 높이고 있는 것을 보지 못한다면, 우리 스스로 동시에 반대 방향에서 수레를 끌고 있는 것이 된

다. 그리고 동시에 우리는 배우자와 불평등한 관계가 되고, 억압받는
사람이 된다. 성경을 보면 결혼을 통한 결합이 하나님의 생각이라는
것을 발견할 수 있다. 하나님께서 우리를 위해 만드신 결혼은 우리의
차이점까지도 극복할 수 있는 방법임에 틀림없다. 아래 성경 구절을
보자.

> "이러므로 남자가 부모를 떠나 그 아내와 연합하여 둘이 한 몸을 이룰지
> 로다"(창 2:24).

> "예수께서 대답하여 가라사대 사람을 지으신 이가 본래 저희를 남자와
> 여자로 만드시고 말씀하시기를 이러므로 사람이 그 부모를 떠나서 아내에
> 게 합하여 그 둘이 한 몸이 될지니라 하신 것을 읽지 못하였느냐 이러한즉
> 이제 둘이 아니요 한 몸이니 그러므로 하나님이 짝지어 주신 것을 사람이
> 나누지 못할지니라 하시니"(마 19:4-6).

> "이러므로 사람이 부모를 떠나 그 아내와 합하여 그 둘이 한 육체가 될지
> 니"(엡 5:31).

"믿지 않는 자와 멍에를 지지 말라"는 성경 말씀을 들어봤을 것이
다. 바울은 고린도의 성도들에게 믿지 않는 사람과 결혼하는 것에 대
해 충고하고 있다. 왜냐하면 그들 가운데 일부는 우상을 숭배하는 곳
에 이방인과 어울려서 영적 타락을 초래하는 일이 있었기 때문이다.
바울은

> "너희는 믿지 않는 자와 멍에를 같이하지 말라 의와 불법이 어찌 함께하

라고 썼다. 그들이 동의하지 않는 한 어떻게 함께 걸을 수 있겠는가?

성경에서 정의하는 멍에

성경은 '멍에' 라는 단어를 직설적으로 그리고 비유적으로도 사용하고 있다. 말씀을 보면 종종 두 개의 다른 사물을 하나로 묶는 것을 '멍에를 지운다' 라고 기록하고 있다. 멍에는 압박, 고역, 복종, 속박, 율법, 제자 그리고 결혼을 묘사하는 데 사용된다.

압박의 멍에는 신명기 28장 48-68절에서 설명하고 있다. 성경을 보면 이스라엘 백성들은 풍족할 때는 주님을 섬기지 않았다. 그들은 하나님 안에서 전적으로 기뻐하지 않았다. 그러므로 그들은 철로 만든 멍에를 메어야 했다. 성경은 압박의 멍에가 어떻게 그들을 파괴하는지 묘사하고 있다. 그들이 하나님을 섬기지 않았기 때문에 멍에가 그들을 압박한 것이다.

고역의 멍에는 열왕기상 12장 4-14절과 역대하 10장 4-11절에서 볼 수 있다. 이스라엘 백성들은 르호보암 왕에게 왕의 부친이 물려 준 짐을 가볍게 해달라고 요청했다. 그들은 노예생활에서 비롯된 고역의 멍에를 지고 있었다. 그들은 "제발 우리의 짐을 가볍게 하소서"라고 호소했다. 하지만 이들의 요청을 듣고 난 왕은 고개를 저으며 말했다. "안 돼. 만일 너희가 짐이 무겁다고 생각된다면 내가 너희의 노동을 늘릴 때까지 기다려라." 그들은 고역이라는 힘든 멍에를 지고 있었고, 그것은 점점 더 무거워지기만 했다.

복종의 멍에는 예레미야 27장 8절부터 28장 2절에서 찾을 수 있다. 이 부분은 왕의 법과 권세 아래 허리를 굽히는 것에 대해 말하고 있다. 이스라엘 백성들이 느부갓네살 왕 아래 있을 때 백성들은 왕이 무슨 말을 하든지 절하고 복종해야 했다. 복종이라는 멍에 아래 있었던 것은 그들이 왕의 권세 아래 있었기 때문이다. 이러한 복종의 멍에 때문에 이스라엘 백성들은 바벨론 왕을 숭배하고 복종해야 했다. 많은 여성들이 부부 관계에서 이와 같은 멍에를 부당하게 지고 살아왔다. 심지어 물리적인 폭력과 언어적인 멸시를 당하기도 했다. 사람은 억지로 누군가를 섬기도록 강요받아서는 안 된다. 진정한 복종은 마음으로부터 우러나올 때 가능하다.

죄에 대한 **속박의 멍에**가 있다. 우리가 어떤 것에 몰두할 때 지게 되는 것을 탐닉의 멍에라고 한다. 도박, 알코올, 마약, 혹은 성적인 탐닉에 사로잡힌 사람들이다. 속박의 예는 예레미야애가 1장 4-14절에서 볼 수 있다. 이스라엘 백성들의 힘을 무너뜨리는 죄의 멍에가 얼마나 무거운지를 묘사하고 있다.

율법의 멍에는 갈라디아서 5장에 나온다. 이 부분은 흥미롭게도 이야기하는 형식으로 시작된다. "그리스도께서 우리로 자유케 하려고 자유를 주셨으니 그러므로 굳세게 서서 다시는 종의 멍에를 메지 말라"(갈 5:1). 즉 성경은 이렇게 우리를 권고하고 있다. "그리스도가 너희를 자유롭게 하시므로 너희 자신을 다시는 속박하지 말라. 심지어 이것이 너희에게 일어나는 것도 허락하지 말라. 다시는 얽매이지 말라. 율법의 멍에의 유혹을 거절하라." 율법으로 당신을 얽어매려는 사람들이 있다. 율법은 당신을 다시 구속 상태로 돌려놓을 것이다. 주님이 주신 자유로 당신은 율법의 정신을 기꺼이 받아들일 수 있다.

신약 성경에 나타난 긍정적 멍에

신약 성경에서는 세 가지 긍정적인 멍에를 찾을 수 있다. 그것은 공동체, 제자, 그리고 결혼이다. **공동체의 멍에**는 우정, 동료애, 형제애, 동반자 의식 혹은 자발적인 봉사로 함께 묶이는 것을 말한다. 신앙인 간의 공동체의 멍에는 사도행전 2장 42절과 고린도후서 8장 4절에 나와 있다.

> **"저희가 사도의 가르침을 받아 서로 교제하며 떡을 떼며 기도하기를 전혀 힘쓰니라"**(행 2:42).

> **"이 은혜와 성도 섬기는 일에 참여함에 대하여 우리에게 간절히 구하니"** (고후 8:4).

사람들에게 가장 익숙한 멍에는 바로 제자의 멍에다. 예수님께서는 우리가 예수님의 멍에를 져야 한다고 말씀하셨다(마 11:28-30). 왜냐하면 온유하고 겸손하신 주님께서 우리 영혼의 안식처가 되시기 때문이다. 우리는 주님의 멍에가 필요하고, 주님의 제자로서 멍에를 져야 한다. 제자의 멍에는 우리에게 능력과 안식을 준다. 비록 우리가 결혼생활에서 불평등한 관계 속에 있더라도 이것을 반드시 이해하고 명심해야 한다. 우리가 주님과 함께 멍에를 질 때 우리의 무게는 정말로 가벼워진다. 주님의 멍에를 지는 것은 쉽기 때문이다. 주님의 동반자로서 지고 가는 그 멍에를 통해 우리는 살아갈 수 있고 성공할 수 있으며 다시 회복될 수 있다.

결혼의 멍에는 고린도후서 6장 14절에 언급된다. 이 말씀은 왜 우리가 균형을 이루기 힘든 불평등한 멍에를 메어서는 안 되는지를 가르치고 있다. 더 많은 사람들이 멍에라는 전체적인 개념과 정의를 이해한다면—고역, 복종, 죄악의 멍에를 포함하여—불평등한 멍에에 대해 성경이 주는 경고는 더 많은 깨달음을 줄 것이다.

이러한 이해 없이는 "불평등하게 멍에를 메지 말라"는 권고를 듣는 것이 우리 삶 가운데 무의미하고, 시대적인 가치 변화에 어울리지 않는 것이 된다. 실제로 주님께서는 그들이 힘들게 두 배로 일을 하지 않도록, 또한 그러한 관계 속에서 숨 막히지 않도록 애를 쓰신다. 멍에의 의미를 더욱 분명하게 이해하는 것은 많은 독신자들에게 불평등한 멍에를 지는 일을 피하도록 도움을 준다.

불평등한 멍에를 진 결혼

우리 중에는 부부간에 여러 가지 이유로 불평등하게 멍에를 진 관계 속에 있는 이들이 있다. 당신이 불평등한 멍에를 지고 있다면 하나님께서는 당신과 함께하시며 그 삶을 지휘하신다. 예수님께서는 이렇게 말씀하신다.

"이러한즉 이제 둘이 아니요 한 몸이니 그러므로 하나님이 짝지어 주신 것을 사람이 나누지 못할지니라"(마 19:6).

그렇다. 불평등하게 멍에를 진 것이 이혼하거나 결별하는 이유가 될 수 없다. 당신이 배워야 할 것은 불균형한 관계일지라도 믿지 않는 배우자를 어떻게 성장시킬 수 있는가 하는 것이다.

반항하는 마음으로 비그리스도인과 함께 멍에를 지는 사람들이 있다. 그는 어떻게든 계속 멍에를 지기로 결정했다며, 당신을 사랑하는 사람이 좋은 사람이어서 베풀고 염려하면 결혼 후에 당신이 그를 구원시킬 수 있을 것이라고 생각한다. 그러나 현실은 당신 자신을 포함해 결코 그 누구도 당신의 힘으로 구원시킬 수 없다. 인간적인 반항심 때문에 당신도 이런 상황에 빠질 수 있다.

나와 비슷한 상황에 있는 사람들이 있다. 즉 결혼 후에 주님을 받아들인 사람들이다. 주님을 영접하는 순간에 대부분은 구원이 자신과 배우자 사이에 나타나는 또 다른 분쟁이 아닌 기쁨과 흥분이 될 것이라고 생각한다. 나는 이때의 일들을 '나타난다' 라고 표현한다. 그것은 관점의 문제이기 때문이다. 이러한 갈등은 빛과 어두움의 싸움이 될 수 있다. 실제로 이러한 상황 가운데 부부간에 다툼이 일어나면 구원을 다툼의 원인으로 보기도 한다. 실제로는 우리의 부족한 믿음과 자기 합리적인 행동, 잘못된 성경의 이해, 여러 상황에서 부족하고 부적절한 대응이 원인인데도 말이다. 물론 배우자가 성경에 맞지 않게 부정적으로 반응하기 때문이기도 하다.

불평등한 멍에를 진 결혼으로는 주로 세 가지 경우가 있다.

첫째, 배우자 한 사람만 구원받았을 경우.

둘째, 배우자 간에 다른 종교를 갖고 있을 경우.

셋째, 한 사람은 영적으로(다른 분야에서도) 성장하고 있고, 다른 사람은 여전히 침체되어 있을 경우.

당신이 이러한 경우에 해당되거나, 혹은 당신이 알고 있는 다른 사

람이 그럴 수 있다. 첫 번째 유형은 많은 사람들에게 해당되는 경우
다. 배우자 가운데 한 사람은 그리스도 예수를 구세주로 받아들이나
다른 한 쪽은 그렇지 못하다.

두 번째 유형은 남편과 아내가 다른 믿음을 갖고 있거나 종교적인
배경이 다를 때를 말한다. 예를 들면, 한 쪽은 가톨릭 신자인데 다른
쪽은 무슬림인 경우다. 이 두 사람은 같은 신과 같은 목표를 향해 가
는 것이 아니다. 한 사람은 유태인인데 그의 배우자는 기독교인일 때
도 그렇다. 모두가 불평등한 멍에를 지고 있는 것이다. 또한 각각 다
른 교파에 소속되었기 때문에 불평등할 수 있다. 한 사람은 전통적인
남부 침례교인이고, 다른 사람은 오순절교인일 경우에도 불평등한
짐을 진 것과 같은 갈등이 일어날 수 있다. 같은 신을 믿고 있지만 교
리와 예배가 서로 다르기 때문이다.

세 번째 유형은 흔하게 볼 수 있다. 한 쪽 배우자에게만 영적 성숙
함이 있는 경우에 해당한다. 어떤 사람들은 지옥에 가기 싫어서 주님
을 구세주로 받아들인다. 이러한 사람들은 결코 영적으로 성장할 수
없다. 또한 하나님의 일에서도 성숙하지 못한다. 이들은 예수님이 구
세주로서 충분하다고 생각하는 사람들이다. 그러나 많은 사람들이
예수님을 구세주이자 주님으로 시인하고 순종하는 삶을 살도록 배우
고 있다. 이들은 "예수님은 정말로 내 삶의 주인이십니다. 그분이 내
삶을 다스리고 지배하십니다"라고 고백하면서 사는 것이다.

종종 기독교인끼리 결혼한 사람들도 여전히 불평등한 멍에를 메고
있거나, 혹은 본인의 상태를 제대로 이해하지 못해서 힘든 시간을 보
내기도 한다. 당신은 이러한 질문을 들었을지도 모른다. "나는 하나
님을 받아들였고 내가 천국에 갈 것도 알고 있습니다. 그것으로 충분
하지 않습니까?" "왜 내가 정기적으로 교회를 가야만 합니까?" "왜 내

가 내 돈을 내야 하죠?" "제가 십일조를 해야 한다는 것은 무슨 의미입니까?" "왜 우리가 이러한 식으로 자녀들을 양육하거나 다른 일을 해야 하죠?" 이러한 질문들은 바로 이들이 불평등한 멍에를 졌다고 말해 주고 있는 것이다.

황소와 당나귀의 예를 기억하는가? 불평등하게 멍에를 진 신앙인의 결혼에서 일어날 수 있는 문제들을 생각해 보자. 이들은 어떤 일을 하는 데 서로 다른 방식으로 보고 다르게 접근한다. 십일조를 두고 한 사람은 "하나님이 말씀하신 거니까 십일조를 먼저 내자"라고 말하고, 다른 한 쪽은 이렇게 말한다. "아니야, 우선 세금을 내야지. 그리고 남는 것이 있다면 목사님이나 당신의 교회에 내도 좋아." 한 사람은 "이것은 아이들 양육에 필요한 방식이야"라고 말하는데, 다른 한 쪽은 "아니야. 우리는 아이들을 성령과 주님의 훈계로 가르쳐야 해"라고 말한다.

아이를 기르는 문제부터 재정 문제까지, 휴식부터 일과 여가까지 이렇게 생각이 다를 수 있다. 어떻게 살 것인가에 대해 공통된 이해나 약속이 없는 것이다. 불평등한 멍에를 졌느냐, 아니면 그렇지 않느냐에 따라 삶과 그 밖의 모든 문제들이 영향을 받는다. "두 사람이 의합지 못하고야 어찌 동행하겠으며"(암 3:3). 부부는 합의하는 것을 배울 수 있으나 시간이 필요하다. 즉 의지를 행동으로 옮기고, 또한 그것을 하나님께로 향하기 위해서는 시간이 필요하다.

디와 로버트는 십일조 때문에 다투었다. 로버트는 가장 먼저 십일조를 하기 원했고, 디는 다른 용도에 먼저 지불하기를 원했다. 그러나 그녀는 남편을 따랐고, 결코 그것으로 인해 고통을 받지 않았노라고 간증하고 있다. 사실 디는 하나님께서 그들을 넘치도록 채워주셨다고 고백한 것이다.

동등한 멍에를 진다면

그리스도인 커플이 동등하게 멍에를 지게 되면, 그들이 헌신하는 일 속에서 증거를 보게 될 것이다. 이것은 네 개의 중심이 같은 원과 같다. 두 사람은 다음의 사항을 따랐다.

1. 예수님에 대한 믿음을 고백한다.
2. 예수님께 통치권을 위임한다.
3. 결혼에 대한 성경적인 명령에 순종한다.
4. 성경적으로 문제를 해결한다.

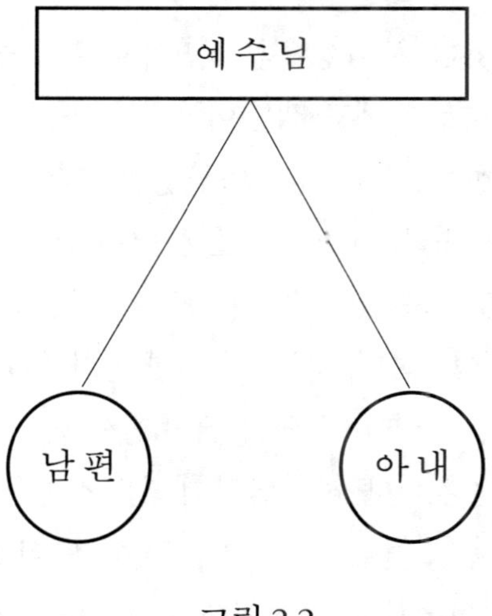

그림 2-2

만약 당신의 결혼생활이 이 그림에 맞지 않다면 균형이 깨어진 것이다. 두 사람은 같은 방향에 서서 주님 앞으로 나아가야 한다.

하나님의 멍에는 쉽다

하나님께서 결혼을 위해 세우신 그림은 두 사람이 영적으로 함께 멍에를 메고 하나님께서 그 멍에의 중심이 되시는 것이다.

남편과 아내가 하나님께 가까이 갈수록 그들은 서로를 더욱 가깝게 끌어당긴다. 그래서 당신과 배우자가 함께 영적으로 성장하게 된다. 하나님과 가까이 있게 되므로 두 배우자도 서로 가까워진다. 만약 당신이 동등하게 멍에를 진 커플과 함께 시간을 보낸다면, 그들이 거의 하나처럼 움직이고 있다는 것을 알게 된다.

디와 로버트 부부는 20년 동안 결혼생활을 해왔기 때문에 강한 연대감을 보여 주고 있다. 사회생활을 하면서 이 부부는 다른 사람과 이야기할 뿐 아니라 서로 간에도 많은 이야기를 나누는데, 이것이 그 둘이 하나라는 확실한 표시다. 앤과 미구엘은 결혼생활에서 일어나는 불화를 줄이려고 노력하고 있다. 이들은 어떤 상황에서도 서로 항상 같은 편에 서겠다고 약속했다. 늘 한 사람이 다른 한 사람의 일을 돕는 이 부부는 함께 성장하며 이해를 초월한 평화를 갖게 되었다.

하나님의 목표는 우리가 한 팀이 되어 함께 멍에를 메고, 또한 하나님과도 함께 메는 것이다. 하나님의 계획은 결혼을 통해 하나 된 한 남자와 한 여자가 주님 앞으로 나아가는 것이다. 이를 위해서는 부부가 서로 함께 끌어가야 하고, 하나님께서는 이들을 함께 끌어주신다. 남편과 아내 된 우리의 목표는 주님과 함께 멍에를 지는 것이다.

성경을 보면 예수님께서 우리를 초대하시는 구절이 있다.

"나는 마음이 온유하고 겸손하니 나의 멍에를 메고 내게 배우라 그러면 너희 마음이 쉼을 얻으리니 이는 내 멍에는 쉽고 내 짐은 가벼움이라 하시니라"(마 11:29-30).

우리가 주님과 함께 멍에를 메면 우리의 짐을 끌어 주시고, 능히 우리로 하여금 일을 하게 하신다. 그리고 짐을 대신 지시는 전능자 하나님으로 인해 지금 두 배로 힘들게 하는 일은 매우 가벼워질 것이고 쉽게 느껴질 것이다. 하나님께서 우리로 그 일을 능히 해낼 수 있도록 도와주시고 계시기 때문이다.

우리 모두 이렇게 기도하자.

Prayer

"사랑하는 주님, 말씀을 주심으로 주님의 완전한 사랑을 가르쳐주시니 감사드립니다. 그 말씀을 통해 풍성한 삶을 살도록 해 주시니 또한 감사드립니다. 주님, 원하옵기는 주님께서 말씀하신 그 길을 가기 원합니다. 우리가 알든지 모르든지 우리의 결혼이 주님의 말씀을 따르지 못했음을 고백합니다. 우리가 기쁘게 주님 말씀을 배울 때, 주님의 길을 가게 하시고 주님의 멍에를 메게 하심으로 주님의 은혜 속에서 살아 갈 수 있게 하옵소서. 예수님의 이름으로 기도합니다. 아멘."

CHAPTER
3
지혜는 균형을 잡는 열쇠다

3 지혜는 균형을 잡는 열쇠다

지혜는 그리스도인이 균형 잡힌 길을 걷도록 하는 열쇠다. 균형이 깨져 버렸거나 불평등한 멍에를 진 관계에서도 지혜는 우리 삶의 기초가 된다. 그러므로 우리의 결혼생활에서 가장 필요한 것은 지혜다.

성경은 지혜의 중요성을 강조하고 있다. 우리가 왜 지혜를 추구해야 하고 하나님께서 어떻게 지혜와 이해를 주시는지 말씀하고 있다. 불평등한 멍에를 멘 부부 관계에서 우리는 더 많은 지혜와 더 많은 지식, 그리고 더 많은 이해가 필요하다. 왜냐하면 우리는 영적으로 성장하면서 배우자를 숨 막히게 하거나 그들의 성장을 막아 버리지 않도록 해야 하기 때문이다. 우리가 영적인 성장을 함으로써 배우자의 걸음을 비틀거리게 해서는 안 된다.

우리는 성경 말씀에서 지혜를 얻는다. 다음 구절들은 지혜의 중요성을 보여주고 있다.

"내 아들아 네가 만일 나의 말을 받으며 나의 계명을 네게 간직하며 네 귀를 지혜에 기울이며 네 마음을 명철에 두며 지식을 불러 구하며 명철을

얻으려고 소리를 높이며 은을 구하는 것같이 그것을 구하며 감추인 보배를 찾는 것같이 그것을 찾으면 여호와 경외하기를 깨달으며 하나님을 알게 되리니 대저 여호와는 지혜를 주시며 지식과 명철을 그 입에서 내심이며 그는 정직한 자를 위하여 완전한 지혜를 예비하시며 행실이 온전한 자에게 방패가 되시나니 대저 그는 공평의 길을 보호하시며 그 성도들의 길을 보전하려 하심이니라 그런즉 네가 공의와 공평과 정직 곧 모든 선한 길을 깨달을 것이라 곧 지혜가 네 마음에 들어가며 지식이 네 영혼에 즐겁게 될 것이요"(잠 2:1-10).

"지혜를 얻은 자와 명철을 얻은 자는 복이 있나니 이는 지혜를 얻는 것이 은을 얻는 것보다 낫고 그 이익이 정금보다 나음이니라 지혜는 진주보다 귀하니 너의 사모하는 모든 것으로 이에 비교할 수 없도다"(잠 3:13-15).

"아버지가 내게 가르쳐 이르기를 내 말을 네 마음에 두라 내 명령을 지키라 그리하면 살리라 지혜를 얻으며 명철을 얻으라 내 입의 말을 잊지 말며 어기지 말라 지혜를 버리지 말라 그가 너를 보호하리라 그를 사랑하라 그가 너를 지키리라 지혜가 제일이니 지혜를 얻으라 무릇 너의 얻은 것을 가져 명철을 얻을지니라"(잠 4:4-7).

"지혜를 얻는 것이 금을 얻는 것보다 얼마나 나은고 명철을 얻는 것이 은을 얻는 것보다 더욱 나으니라"(잠 16:16).

"집은 지혜로 말미암아 건축되고 명철로 말미암아 견고히 되며 또 방들은 지식으로 말미암아 각종 귀하고 아름다운 보배로 채우게 되느니라"(잠 24:3-4).

"너희 중에 누구든지 지혜가 부족하거든 모든 사람에게 후히 주시고 꾸짖지 아니하시는 하나님께 구하라 그리하면 주시리라"(약 1:5).

지혜가 부족하면 구하라

부부간에 지혜로운 배우자가 되고 싶다면 다음 여섯 가지를 기억하라.

1. 말한 것을 실천하라.

스스로 신앙인이라고 말한다면 교회에 있을 때나 집에 있을 때나 실천을 통해 예수님의 삶을 보여 주도록 하라. 당신이 말한 것을 실천하는 방법을 배운다면 많은 도움이 될 것이다. 우리는 하나님의 말씀과 교회생활의 규칙들에서 도전을 받으며, 그런 우리를 배우자가 특히 유심히 지켜보고 있음을 잊어서는 안 된다. 배우자를 비롯한 주변 사람들은 우리가 그리스도인으로서 믿는다고 주장하는 법들을 얼마나 잘 따르며 삶에 적용하는지 곁에서 지켜보는 증인이다.

2. 배우자와 결혼생활을 위해 기도하라.

당신은 자신뿐만이 아니라 가족을 위해서 기도해야 한다. 하나님께서는 기도의 위대한 역할을 위해 우리를 부르셨다. 우리가 주님 앞에 무릎을 꿇고 배우자를 위해 기도할 때, 그들의 삶 가운데 중요한 충격이 일어날 수 있다.

3. 주께 하듯 남편에게 복종하라.

복종이란 아내들에게 해당하는 것이 아니라 모든 신앙인에게 필요한 사항이다. 복종은 좋은 성장과 성숙의 표시다. 당신이 이에 대해 나쁜 경험을 갖고 있다거나 부정적인 메시지를 받은 적이 있다면, 그만큼 남편에게 복종하는 일이 어려운 과정이 될 수 있다. 그러나 하나님은 충분히 믿을 만한 분이다. 당신이 하나님의 의를 이루도록 하나님께서 당신을 강하게 하고 능력을 주실 것이다. 배우자를 위해 자신을 희생하라. 예수님께서 교회를 사랑하신 것처럼 사랑으로 남편에게 복종하라.

4. 배우자에 대해서 더 많이 알도록 노력하라.

당신이 결혼한 지 1년이 되었든, 10년이 되었든 간에 무엇이 남편을 기쁘게 하는지, 혹은 기분 나쁘게 하는지 잘 알 필요가 있다. 배우자의 기질이나 성격 등에 대해 잘 아는 것은 결혼생활을 지혜롭게 할 수 있는 비결의 첫 걸음이다.

내 남편은 매우 성실한 사람이다. 어떤 행사에든지 우리는 대부분 가장 먼저 도착한다. 남편의 이런 점은 가끔 나를 불편하게 했다. 그러나 나에게도 선택권이 있다는 것을 알았다. 남편이 시간 약속에 민감하고 빨리 준비한다는 것이 좋을 수도 있지만, 내가 원하지 않으면 함께 가고 싶지 않다고 말할 수도 있다. 내가 일찍 준비를 마치지 못해 늦어지는 것을 남편이 불쾌해한다는 것도 안다. 그만큼 나는 그가 좋아하는 것이 무엇이고 어떻게 반응할지를 알고 있다. 남편에 대한 지식에 따라 더 지혜로운 선택을 할 수 있다.

5. 어려운 일이라도 모든 일에 하나님께 순종하라.

모든 일에 하나님께 순종하는 것은 하나님께서 우리에게 요구하시는 것임을 알아야 한다.

"순종이 제사보다 낫고"(삼상 15:22).

그러나 하나님께서 요구하시는 순종은 '순종' 이라는 말 그 이상이다. 진정한 순종은 마음에서 시작된다. 우리가 하나님을 위해 살게 되면 그분이 요구하시는 일을 하겠다는 의지를 갖게 된다. 즉 우리가 범죄할 때 용서와 화해를 구하게 되고 사랑할 수 없는 자들을 사랑하게 된다.

6. 주님과 가까운 관계를 유지하라.

우리가 하나님의 말씀에 우선순위를 두면, 우리 삶 가운데 가장 중요한 두 가지가 발전하며 그것을 지킬 수 있다. 그것은 바로 우리의 영적 관계와, 배우자와의 결혼생활이다.

여섯 가지 목록에 대해 더 상세히 살펴보자.

말한 것을 실천하라

실천은 도전이 될 수 있으며, 특히 불평등하게 멍에를 진 결혼에서는 더욱 요구되는 사항이다. 나도 사실 말한 바를 잘 실천하지 못했다. 성경은 이에 대해 에베소서 4장 1절에서 이렇게 말하고 있다.

"그러므로 주 안에서 갇힌 내가 너희를 권하노니 너희가 부르심을 입은 부름에 합당하게 행하여."

부름에 합당하게 행하기 위해서는 하나님의 계획을 알아야 한다.

하나님께서 무엇을 위해 당신을 부르셨을까? 당신의 삶을 위해 하나님께서 계획하신 것이 무엇일까? 그것을 알아내려면 말씀을 읽고 주님과 함께하는 시간이 필요하다. 또한 주님의 말씀을 듣기 위한 기도의 시간도 가져야 한다. 이러한 시간을 가진 후 당신은 부름에 합당하게 행할 수 있다.

골로새서 1장 10절은 하나님을 기쁘시게 하는 것에 대해 이야기하고 있다.

> "주께 합당히 행하여 범사에 기쁘시게 하고 모든 선한 일에 열매를 맺게 하시며 하나님을 아는 것에 자라게 하시고."

하나님을 기쁘시게 하는 일은 태도와 행동이 다 포함된다. 쉽게 말하면 변하지 않는 마음으로 하는 봉사와 같다. 주님을 기쁘시게 하고 영적으로 성장하기 위해서는 내부에서부터 변해야 한다. 당신이 진정한 사랑과 기쁨으로 주님을 기쁘시게 할 수 있도록 깨끗한 마음을 달라고 간구하라."

나는 가정에서 변화를 이루기 원했다. 내가 그리스도인이 되는 것이 남편을 위해서, 그리고 남편이 당장 구원을 받기 위해서 최고의 방법이라고 남편을 설득하려고 했다. 그래서 집에 와서는 믿음 있는 아내로서 해야 하는 모든 일을 했다. 일주일 내내 남편을 위해 요리를 했고, 남편이 하는 식으로 집안을 청소했다. 매일 아침 기도를 했고, 성경 말씀이 적힌 쪽지를 그의 점심 도시락에 살짝 끼워 놓았다.

하지만 나는 동시에 남편이 당장 주님을 받아들이지 않는다면 저주를 받고 지옥 불에 떨어질 거라고 설교했다. 나는 물론 하나님께서 예수 그리스도의 구원에 대한 지식 없이 멸망하는 것을 원치 않으신다는 사실을 알고 있었다.

내 나름대로는 주님을 기쁘시게 하는 일들을 행함으로써 남편을 격려하려고 노력했다. 그러나 내 마음 자세가 옳지 못했다. 내 마음이 바르지 못했음을 고백한다. 그것은 내 삶을 더 쉽게 만들고 싶은 생각에 한 행동들이었다. 이것은 괴로운 사실이지만 진실이다. 나는 영적, 육적으로 모든 축복을 받기 원했고, 남편이 구원을 얻으면 모든 축복을 다 받을 수 있을 거라고 생각했다.

또한 남편이 구원을 받으면 내가 믿음 생활을 하는 데 그의 잔소리를 듣지 않을 거라고 내 행동을 합리화했다. 남편이 구원만 받으면 둘이 믿음으로 함께할 수 있고, 서로를 격려할 수 있을 거라는 그럴 듯한 생각으로 내 행동을 합리화한 것이다.

멋진 식사를 준비했는데, 연락도 없이 늦는 남편 때문에 나는 눈물로 수많은 밤을 지새웠다. 일주일 내내 식사 준비하는 일이 내게는 기적과 같은 일임을 친구들은 알고 있었다. 그러나 남편은 식탁 앞에서 "그래, 좋아. 훌륭하군"이라는 짧은 한마디뿐이었다. 나는 그가 칭찬하고 흥분하며 기뻐하기를 원했다. 그것을 위해 노예처럼 그에게 봉사하며, 또한 그것이 신앙인으로서 당연히 할 일이라고 생각했다.

계속해서 남편을 위해 정성껏 봉사했지만, 그는 "요리는 아내가 당연히 해야 하는 일일 뿐"이라는 무심한 반응뿐이었다. 나는 정성껏 요리를 하고, 청소를 했다. 그래도 남편이 나의 행동을 훌륭한 신앙인의 봉사로 알아주지 않자 나는 마침내 낙담했다. 화가 나고 마음이 아팠다. 한동안 그런 마음으로 요리를 했다. 어느 날은 내가 만든 음식세 가지를 그가 알아채지 못하자 불행한 마음까지 들었다.

그러나 주님께서 내 마음을 변화시키셨다. 어느 순간, 남편이 내가 하는 것을 전혀 알지 못할 수도 있다는 것을 이해했다. 그럼에도 주님을 위해 그러한 일을 해야 함을 깨달았다. 주님은 항상 나의 봉사를 기뻐하신다. 남편은 주의를 기울일 수도, 혹은 모를 수도 있지만 하나님께서는 항상 알고 계신다. 그러자 요리하는 일이 훨씬 쉽게 느껴졌다.

어떤 사람은 맞벌이 부부지만 저녁에 요리하기 위해 집으로 뛰어갈 필요가 없는 사람도 있을 것이다. 그런 사람은 아마도 배우자가 요리와 청소를 도울 것이다. 혹은 서로 하루씩 번갈아 담당할 수도 있다. 당신의 형편이 어떻든 배우자와 하나님을 기쁨으로 섬겨라. 그러면 당신이 하는 모든 일을 주님께서 기뻐하실 것이다. 당신의 배우자를 위해서가 아닌 하나님을 위해 섬긴다면 배우자가 그것을 알아주지 않는다 해도 실망하지 않을 것이다. 주님을 위해 다른 사람에게 봉사할 때 그 일이 더 쉬워진다.

신앙인은 예수님을 닮아야 한다는 것을 명심하라. 무엇이든 기쁘게 실천하는 사람이 되어야 한다. 예수님이 원하시는 삶을 살지 못하거나 성령의 열매를 보여 주지 못한다면 신앙인이라고 말하지 말라. 실천이란 말을 쉽게 생각할 수 있으나 사실은 그렇지 않다. 당신의 배우자가 믿지 않는 사람이라면 더욱 그렇다. 구원받은 당신이 균형이 맞지 않는 부부 관계에 쓰임 받는 것도 마찬가지로 은혜임을 기억하라. 결코 쉬운 일이 아니지만 하나님과 함께라면 가능하다. 그러므로 말하건대 먼저 하나님을 진심으로 섬겨라.

내가 처음 믿음 생활을 시작했을 때는, 남편이 나보다 성경을 훨씬 많이 알고 있었다. 내가 한 행동에 대해 남편이 율법에 맞지 않다고 지적할 때면 매우 화가 났다. 그 당시 나는 영적으로 성숙하기 이전의 과도기에 있었으며, 하나님께서 내게 생명을 주셨다는 것을 배우고 있었다. 반면, 남편은 나를 지켜보며 매번 이렇게 말했다. "흠, 믿는

사람들이 그럴 수 있어?" 나는 스스로에게 물었다. "정말, 그들이 그
럴 수 있을까?" 나는 가끔 크리스천이 마땅히 해야 할 행동이 무엇인
지 확신이 없었다. 그러나 성경은 매우 분명했다. 성경의 법칙은 흑백
이다. 성경공부를 통해 나는 율법과 율법의 정신을 배울 수 있었다.

흑과 백이 아닌, 회색 행동들은 다른 사람들을 시험에 빠뜨린다.
내가 큰 문제가 아니라고 생각했던 일들이 남편을 넘어뜨리기도 하
고, 주님과 동행하는 데 있어 의심을 가져다주기도 했다. 영적인 성장
과 성숙을 위해서는 좀 더 신중히 행동해야 한다는 것도 배웠다. 또한
가정에는 항상 내가 행하는 모든 것을 지켜보는 사람이 있다는 것을
깨달았다. 정말 이것은 큰 압박이었다. 그가 나를 늘 지켜보는 것이
싫었지만, 다른 한편으로는 올바르게 행동해야 함도 깨달았다.

만약 예수님께서 당신 집에 살고 계시다면 얼마나 많은 차이가 있
을까 생각해 보라. 예수님께서 하루나 이틀 당신 집을 방문한다면 어
떤 일이 일어날지 상상한 시 한 편이 있다. 들어 본 적이 있는가? 성경
이 테이블에 놓여 있을 것이고, 온 방은 깨끗하고 모든 것이 거룩,거
룩, 거룩할 것이다. 그러나 집의 분위기는 편안해야 한다. 당신이 죄
가 없어서가 아니라 아무도 지켜보는 이가 없으면 편안해진다.

내가 주님과 함께하기를 원할 때 가장 편안함을 깨닫기 시작했다.
보호를 받고 있고 항상 좋은 예를 보여주며 내 속에 있는 희망을 전할
준비가 되었다. 그것은 내가 더 많이 주님의 말씀 속에 있어야 하고,
더 많이 무릎을 꿇고 기도해야 하며, 다른 신앙인과 잘 화합해야 함을
의미했다. 당신은 우선 말한 것을 실천해야 한다. 이것이 바로 불평등
한 멍에를 진 부부 관계에서 지혜를 얻기 위한 가장 좋은 방법이다.

배우자와 결혼생활을 위해 기도하라

두 번째 사항은 당신의 배우자와 결혼생활을 위한 간구다. 로마서 8장 26절을 보자.

"이와 같이 성령도 우리 연약함을 도우시나니 우리가 마땅히 빌 바를 알지 못하나 오직 성령이 말할 수 없는 탄식으로 우리를 위하여 친히 간구하시느니라."

어떻게 기도해야 할지 도무지 아무것도 떠오르지 않던 밤이 있었다. 나는 그냥 무릎을 꿇고 주님께 울부짖었다. 나를 위해 간구하는 분이 내 안에 있다는 것을 깨닫자 이 구절이 가슴으로 와 닿았다. 이 말씀은 성령께서 나를 위해 말할 수 없이 번민하고 간구하신다는 것을 알려주었다.

그러므로 당신이 처한 모든 상황, 즉 당신이 겪은 승리, 도전, 오늘 직면하고 있는 고통 등에서 주님 앞에 무릎을 꿇고 성령께서 당신의 결혼생활, 그리고 당신의 배우자를 위해 간구하시도록 구해야 한다. 당신이 중단 없이 기도하고 또 기도하기를 바란다. 결혼생활을 위한 기도의 기초를 세우는 일은 매우 중요하다.

골로새서 1장 11절에

"그 영광의 힘을 좇아 모든 능력으로 능하게 하시며 기쁨으로 모든 견딤과 오래 참음에 이르게 하시고"

라는 말씀이 있다. 당신이 강해지고 또한 인내할 수 있도록 기도해야 한다. 성령의 열매가 당신의 삶 속에 명백히 나타나도록 기도하라. 초신자일 때 나는 가정을 주님 앞에 인도해야 한다는 생각으로 가득했다. 내 남편이 한두 주 안에 - 두 달 이상은 절대 기다릴 수 없었다 - 구원을 받아야 한다는 생각이 머리 속어 꽉 차 있었다.

그러나 몇 년이 지난 후에도 나는 여전히 남편의 구원을 위해 기도하고 있었다. 나는 더 많은 인내심과 관용이 필요했다. 이때 당신이 기도해야 하는 몇 가지 항목이 있다. 그것은 당신의 능력, 인내심, 배우자, 결혼생활 그리고 불평등하게 멍에를 멘 다른 부부들이다.

몇몇 상황들은 우리에게 너무 멀게만 느껴지고 도저히 변화시킬 수 없어 보인다. 그러나 우리가 경외하는 하나님께 예배드린다는 것은 대단한 일이다. 하나님께서 우리와 함께하신 것을 돌아보면 놀라지 않을 수 없다. 하나님의 성실하심은 대단하다. 왜냐하면 지금 이곳까지 나를 변함없이 인도하신 분이 바로 하나님이시기 때문이다. 나는 그분이 나를 얼마나 멀리 나를 데려으셨는지 알고 있다. 전에 결혼생활에서 떠나려고 마음먹은 적이 몇 번 있었다. 그리고 남편이 내가 떠나기를 원할지도 모른다고 확신한 때도 있었다. 나는 성경을 가지고 그에게 심하게 상처를 주었고, 남편은 그때마다 속으로 이렇게 말했을지도 모른다. "차라리 성경을 가지고 떠나라."

성경은 믿지 않는 배우자가 떠나기를 원한다면 그를 가게 두라고 말씀하신다.

> "혹 믿지 아니하는 자가 갈리거든 갈리게 하라 형제나 자매나 이런 일에 구속 받을 것이 없느니라 그러나 하나님은 화평 중에서 너희를 부르셨느니라"(고전 7:15).

그러나 이 말씀은 믿지 않는 배우자를 버리라는 말이 아니다. 나는 솔직히 남편을 버리고 싶었다. "나는 더 이상 믿지 않는 당신과 함께 살 수 없을 거 같아. 우리는 도저히 어울릴 수 없을 거야. 계속 싸우기만 하잖아. 당신이 먼저 가서 짐을 싸는 건 어때? 하나님께서 이해하실 거야"라고 말한 적도 있었다.

그러나 이것은 성경의 가르침이 아니다. 성경은 "그가 떠나기 원한다면 가게 하는 것은 괜찮다"라고 말하고 있다. 그러나 그를 떠나가게 만들거나 그를 가게끔 유도하라는 말이 아니다. 또한 그에게 왜 결혼이 어울리지 않는지 온갖 이유를 말하라는 것도 아니다. 대신 당신은 하나님께서 배우자의 마음속에, 또한 당신의 결혼생활 가운데 역사하시기를 기도해야 한다. 그러면 하나님께서 당신을 강하게 하실 것이다. 오래 견디고 참아낼 수 있도록 도우실 것이다.

우리는 기도할 때, 예수님을 더 많이 닮도록 노력해야 한다. 히브리서 7장 25절에는 "그러므로 자기를 힘입어 하나님께 나아가는 자들을 온전히 구원하실 수 있으니 그가 항상 살아서 저희를 위하여 간구하심이니라"고 말씀하신다. 구원하실 수 있는 분은 하나님이시다. 성령께서 간섭하시고 개입하신다. 우리는 예수 그리스도께서 우리를 위해 기도하신 것과 같이 끊임없이 기도해야 한다.

하나님을 힘입는 것은 마치 사막을 통과하는 것과 비슷하다. 사막한가운데서 물 한 모금도 구하지 못하고 지칠 대로 지친 사람을 떠올려 보자. 게다가 그는 상처를 입어 피까지 흘리고 있다. 그 사람이 바로 자신이라고 가정해 보자. 실제로 때때로 내 마음은 피를 흘리듯이 아프고 고통으로 괴로웠다. 매우 피곤하고 온통 상처투성이였다. 아마 우리는 이렇게 외치며 쓰러질 것이다. "주님, 이렇게 하루라도 더 보낸다면 나는 낙담해 더 이상 갈 수 없습니다." 그러나 그것으로 끝나지 않았다. 그 자리에서 일어나 힘들지만 다시 걸음을 옮긴다. 이것은 각자 시각의 문제이고, 우리가 드리는 기도가 올바른 시각을 갖도록 도와준다.

만약 당신이 오늘도 다툼 속에 있고, 주변에는 아무도 보이지 않으며, 물 한 모금도 구할 수 없는 사막에 있는 것 같다면 당신에게 가장 필요한 것은 기도다. 지금 있는 자리에서 무릎을 꿇어라. 기도는 모든 것을 변화시킨다. 기도는 또한 사물에 대한 당신의 시각을 변화시킨다. 얼마나 걸릴지 모르는 길을 간다 해도 성령께서 당신과 함께 기도하신다는 것을 기억하며, 결혼생활 가운데 일어날 일에 대해 기도해야 한다. 이것은 매우 중요한 일이다.

내가 처음 구원받았을 때 드린 기도 가운데 하나는 로마서 10장 1절을 보고 난 후다. "형제들아 내 마음에 원하는 바와 하나님께 구하는 바는 이스라엘을 위함이니 곧 저희로 구원을 얻게 함이라." 내 마음에 원하는 바와 하나님께 구하는 바는 남편이 구원받는 것이었다. 그러나 지금 나는 그것이 이기적인 마음에서 비롯되었음을 깨달았다.

나는 교회 공동체에서 혼자 앉아 있는 일에 지쳐 남편이 구원받기를 원했던 것이다. 나는 교회 모임에 어울리지 않는 사람 같았다. 싱글들의 모임이 있었고, 커플들의 묵상모임이 있었다. 나는 결혼한 사람이었기에 배우자 없이 커플 모임에 속해 있었다. 하지만 커플들의 행사모임에는 갈 수 없었다. 그렇다고 싱글은 아니었으니 싱글의 모임에도 적합하지 않았다. 결국 혼자 있고 싶었다. 결국 내가 원하는 것은 남편이 구원을 받아 함께 커플들의 모임에 참석하는 것이었다.

또한 가정에서 받는 도전과 비난들 때문에 남편이 구원받기를 원했다. 내가 하는 모든 일은 사사건건 지적당했다. 나는 생각했다. "남편이 구원을 받게 되면 이것이 쉽지 않은 일이란 것을 알게 되겠지. 주님과 동행하게 되어 바쁘게 될 거야. 그러면 내 길을 가도록 내버려 두겠지. 그러면 나를 지적하며 비난하지는 않을 거야." 하지만 그때는 내가 뿌린 것을 거두고 있다는 것을 이해하지 못했다. 나는 남편이 내 잘못에 대해 지적하는 것을 원치 않는 마음으로 남편이 구원받기를 원했다. 내 소망은 배우자의 구원이었지만, 그것은 이기적인 이유 때문이었던 것이다.

주님께서 내 삶 속에서 일하시고 내가 성숙, 성장하도록 도우실 때 나는 여전히 같은 기도를 했다. 그러나 태도와 마음은 전혀 달랐다. 나는 남편이 주님 나라 안에 있으면 하나님께서 내 남편을 통해, 또 그 안에서도 능히 역사하신다는 것을 알 수 있었다. 남편의 구원을 위해 기도할 때, 그것은 하나님의 나라를 위한 것이지 내 이익을 위해서가 아니다.

배우자와 당신 자신을 조용히 바라보며, 하나님께서 무엇을 보고 계신지 생각하지도, 알려고도 하지 않았던 지난 모든 일들을 돌이켜 보라. 주님께서는 죄인을 구원하러 오셨음을 기억하라. 그가 우리를 구원하셨으니 우리의 배우자도 구원하실 수 있다. 또한 당신이 배우자의 좋은 면을 볼 수 있도록 도움을 간구하라. 스스로에게 물어보자. "내가 이 사람에게 끌렸던 것은 무엇인가?" 그리고 항목을 만들어 당신의 마음을 처음으로 되돌려놓을 만한 것들을 떠올려보자. "처음 그와 만나서 어떻게 결혼까지 왔는가?" 결혼까지 오게 만든 그의 매력은 아직도 있다.

하나님께서 당신 삶에 역사하시고 성숙하도록 도우신다면, 당신은 배우자의 그런 장점들이 어떻게 하나님의 나라에 이익이 될 수 있는지 알게 될 것이다. 또한 하나님께서 당신의 배우자를 통해 다른 이들에게 어떻게 만족을 주시는지도 알게 될 것이다. 배우자를 위해 기도할 때, 자기 자신을 위한 이기적인 기도는 피하라. 진정으로 기도하라. 그리고 당신의 배우자를 구원해 달라고, 또한 섬기는 마음을 달라고 간구하라. 겸손하게 섬기는 마음을 지니는 사람은 많은 것을 용서받을 수 있기 때문이다.

주께 하듯 남편에게 복종하라

복종이란 나쁜 말이 아니다. 당신이 성장할수록 복종은 더 쉬워진다. 당신은 이 말씀을 잘 알고 있을 것이다.

"아내들이여 자기 남편에게 복종하기를 주께 하듯 하라"(엡 5:22).

내가 해설이 있는 성경을 좋아하는 이유는 그 의미를 명확하게 정의하고 있기 때문이다. "아내들이여, 복종하라"는 말은 주님께 순종하듯이 남편에게 순응하란 뜻이다. 당신의 성장과 성숙의 일부분은 섬기는 법을 배우는 것이다. 주님께서는 매우 좋은 예가 되어 주셨다. 그분은 사람들을 섬기셨다. 그러므로 그와 같이 우리도 배우자를 섬겨야 한다.

결혼은 실제로 사역과 같다. 성장할수록 배우자를 섬김으로써 주님을 섬길 수 있다. 베드로전서 3장 1절에는

"아내 된 자들아 이와 같이 자기 남편에게 순복하라 이는 혹 도를 순종치 않는 자라도 말로 말미암지 않고 그 아내의 행위로 말미암아 구원을 얻게 하려 함이니라"

고 쓰여 있다. 복종은 조건 없는 사랑을 보여줄 수 있는 기회를 준다. 복종은 개인에게 복종하는 것이 아니라 지위에 복종하는 것이다.

성경은 당신의 남편이 구원받았을 경우에만 복종하라고 말하지 않는다. 당신에게 남편이 있다면, 그가 영적으로 성숙하든 아니든 복종하라고 한다. 그러나 하나님께서는 우리가 비 성경적인 것에 복종하기를 바라시지 않는다. 섬김과 복종은 조건 없는 사랑을 보여주는 두 가지 형식이다. 당신이 남편에게 복종할 때 모든 것이 변화되기 시작한다. 더욱 중요한 것은 당신 자신이 변화하기 시작한다는 것이다.

나는 새로 믿음생활을 시작하면서 교회에서 집으로 돌아올 때마다 명확히 말씀을 적용했고, 적용되는 그 말씀을 믿었다. 나는 한때 적용을 위해 살았다. 말씀 한 구절을 얻으면 집으로 와서 그것을 실행했다. 그러자 내 행동의 변화를 알아차리고 남편이 묻곤 했다. "이번 주에 어떤 세미나에 다녀온 거야?" 그러면 나는 "여보, 이것이 주님의 말씀이에요. 나는 당신을 섬기려고 여기 있는 거예요. 당신에게 복종하고 싶어요"라고 고백했다.

나중에서야 나는 복종은 하나님께서 불어넣어 주시는 것으로서, 세미나나 다른 모임을 통해서가 아니라 마음으로부터 우러나와야 한다는 것을 깨달았다. 그 당시 몇 년 간은 정말 열심히 했다. 그러나 진실된 마음으로 하지는 않았다. 남편은 나의 가식을 알고 있었다. 그 후 나는 가식적인 행동을 하지 않고 진실로 남편을 섬기기를 원했다. 하지만 어느새 그에게 복종하는 대신 성령을 강요하고 있었다.

그 두 가지 일 사이에는 큰 차이가 있었고, 남편은 면도날처럼 날카로웠다. 그러므로 당신의 배우자를 맘대로 조종하거나 얕볼 수 있다고 생각하지 말라. 그는 누구보다 당신을 잘 알고 있고, 당신의 행동이 진실인지 아닌지도 알고 있다. 그러므로 당신 안에 계신 하나님께서 그 일을 행하시도록 하라.

〈조이 럭 클럽〉(The Joy Luck Club)이란 영화를 기억하는가? 남편
은 그의 아내가 너무 순종적이어서 어떤 의견도 취향도 없자 이혼하
기로 결심했다. 아내는 그 결과 즐거움을 잃게 되었다. 그의 아내는
마음이 담긴 섬김이 아니라 비굴한 태도에 적응이 되었던 것이다. 그
녀는 남편과 함께 행동하는 것이 아니라 남편을 따르기만 했다.

묵상 모임이나 예배 후에 변화를 진심으로 갈망한다면 무언가를
다른 식으로 해보라. 당신의 배우자는 그 변화가 얼마나 오래 갈지 지
켜볼 것이다. 내 남편의 이론에 따르면 일일 세미나는 일주일 동안,
일주일 묵상은 한 달 동안 효과가 있다고 했다. 남편은 내가 세미나에
갈 때마다 이번엔 변화가 얼마 동안이나 지속될지 시간을 재었다. 나
는 그가 "오, 이번에 당신이 간 세미나를 기억하겠어"라는 말을 듣고
서도 그가 오랫동안 내 행동을 지켜보고 있는지 몰랐다.

나는 성령으로 뜨거워져 집으로 돌아와 내가 배운 새로운 원칙이
나 방법을 적용하려 했다. 그때마다 남편으로부터 어떤 반응도 얻지
못했다. 내 흥분은 가라앉았고 포기하는 마음이 들었다. "좋아, 어떤
차이가 있지? 예전과 같을 뿐이야. 예전과 같아."

그러나 언제인가부터 내가 남편을 섬기고 복종하기를 하나님께서
원하고 계시다는 사실을 깨닫기 시작했다. 세미나에서 배웠기 때문
이 아니라, 남편을 섬기는 것이 곧 주님을 섬기는 것이라는 사실을 깨
달았다. 이 사실을 이해하자 지속해서 섬기는 일이 전처럼 그리 힘들
지 않았다. 한 달이 지나고 두 달이 지나고 서 달이 지나자, 놀랍게도
남편은 냉소적으로 지켜보는 일을 멈췄다. 다신 그는 나의 섬김을 기
대하기 시작했다.

물론 얼마간은 내가 느끼는 압박도 더했다. 나는 새로운 태도와 방

법으로 그를 섬겼고, 그는 그것이 지속되기를 기대했다. 석 달, 넉 달, 다섯 달을 좋은 태도와 부드러운 마음, 미소로 섬긴 끝에 나는 처음으로 그의 냉소적인 태도가 거슬려 불평했다.

신앙인답게 행동한다고 해서 결코 넘어지지 않는 것은 아니다. 또한 결코 죄를 범하지 않는 것도 아니다. 신앙인답게 행동한다는 것은 스스로를 변화시키기 위함뿐 아니라, 날마다 성장할 수 있도록 용서하시는 하나님을 섬긴다는 것을 뜻한다. 나는 계속 이렇게 기도했다. "주님, 제가 작년에 저지른 일을 다시 반복하지 않게 하시고, 그 자리에서 성장할 수 있도록 도와주세요."

성장한다고 해도 여전히 어느 단계에 도달하지 못하고 있음을 고백하자 어느 정도 압박이 줄어들었다. 나는 남편에게 내가 여전히 인간임을 상기시켰다. 아직 나는 천국에 이르지 못했고, 완벽한 사람도 아라고 하자 그가 나의 행동의 변화를 인정했다. 그래서 나는 남편의 행동에도 변화가 생기기를 기도했다.

이 시점에서 내가 다시 말하고 싶은 것은 베드로전서 3장 1절이다. 즉 "남편이 아내들의 행위로 말미암아 구원을 얻는다"라는 말씀이다. 상담 중에 만난 거의 노예처럼 사는 수많은 여자들에게 말했었다. 베드로전서 3장 1절은 결코 "당신이 복종하면 당신의 배우자가 반드시 구원을 얻는다"는 말씀이 아니다. 성경에서 말하는 것은 남편이 당신의 행동으로 인해 구원에 이를 수도 있지만, 당신이 그리스도를 닮았다고 해서 그가 자동적으로 구원을 얻게 된다는 뜻은 아니라는 것이다.

당신은 자신조차도 구원할 수 없다. 따라서 당신의 행동 변화로 다른 누구를 구원으로 이끌지는 못한다. 이 사실을 아는 것은 매우 중요하다. 당신이 잘못된 믿음을 가졌다면 자신을 거기에서부터 자유롭게 해야 한다. 아마도 당신은 1년, 3년, 10년, 혹은 그 전에 구원받았을 것이다. 그러나 당신은 여전히 무엇을 잘못하고 있는지 의문을 갖고 있다. 배우자가 구원받지 못한 사실에 대해 죄책감이 있다면, 구원은 하나님께서 하시는 것이라는 사실을 기억하라.

나는 여러 책에서 온갖 방법들과 지혜들을 익혔다. 그 가운데 하나라도 정말 효과가 있었다면 내 남편은 수년 전에 구원을 받았을 것이다. 그러나 나는 누구도 구원할 수 없다. 구원은 은혜와 믿음을 통해서이지 내 자신 때문에 받은 것이 아니다. 물론 남편이 당신의 크리스천다운 삶을 통해 구원을 받을 수도 있음을 간과하지 않는 것도 중요하다. 그러나 베드로전서 3장 1절은 당신의 달라진 행위가 남편의 구원을 보장한다는 의미의 말씀이 아니다. 소망을 하나님께 두어라. 그분만이 변화하는 삶을 이끄신다.

나는 어느 누구도 다른 사람을 위한 구속의 짐을 지고 고통받는 것을 원치 않는다. 그러나 장담하건대 우리가 중재할 수는 있다. 그들을 위해 기도할 수 있고 증인이 될 수 있다. 그렇다고 당신이 매일 성경의 어떤 페이지를 펴 놓은 채 그 말씀에 따라 매일 증인이 될 필요는 없다. 그 증거는 삶 속에서 드러나야 한다. 내가 당신이 말한 바를 실천하라고 하는 것은 그리스도와의 참되고 확실한 관계와 당신이 일상생활에 기초를 두고 있는 삶의 방식이 바로 배우자에게 주고 싶은 증거가 되기 때문이다.

증인은 직접 경험을 한 사람이라는 것을 깊이 이해하라. 당신의 배우자는 무엇을 듣고 보았는지 쉽게 말한다. 간단히 말해 배우자가 주님이 자신들을 위해 무엇을 했느냐고 묻는다면 하나님께서 당신 삶속에 이루어 놓으신 차이를 알려주고 브여줘라. 옛 조상들이 만든 노래 속에 비슷한 구절도 있다. "빛나게 하려 하지 말고 스스로 빛나도록 하라!' 그것은 변화 후, 곧 성령에 순종하는 당신의 모습이다.

배우자에 대해서 더 많이 알도록 노력하라

불평등하게 멍에를 진 결혼생활에서 우리가 지혜를 얻기 위한 또 하나의 방법은 지식에 따라 배우자와 생활하는 것이다.

"남편 된 자들아 이와 같이 지식을 따라 너희 아내와 동거하고 저는 더 연약한 그릇이요 또 생명의 은혜를 유업으로 함께 받을 자로 알아 귀히 여기라 이는 너희 기도가 막히지 아니하게 하려 함이라"(벧전 3:7).

당신은 함께 살고 있는 사람에 대해서 알아야 한다. 남자 혹은 여자로서 배우자의 일반적인 성격을 알아야 한다. 또한 남편과 아내로서, 혹은 친구, 연인, 공급자 혹은 도우미로서도 특별히 잘 이해할 필요가 있다. 고용주로서 배우자는 어떠한가? 또한 고용인으로서는 어떠한가? 그러므로 당신은 그가 어떤 사람인지 알고 있어야 하며, 그 지식에 따라 생활해야 한다.

남편에 대한 기억 가운데 하나는 그가 매우 섬세하고 예의바르며 규칙적인 사람이란 점이다. 그는 집안일에도 매우 깔끔했다. 그는 모든 물건에는 고유의 자리가 있고, 반드시 제자리에 있어야 한다고 믿는 사람이었다. 나는 반대로 물건이 그 자리 근처에만 있으면 상관없었고, 그래도 어디에 물건이 있는지 쉽게 찾을 수 있었다.

결혼 초기에 제자리에 있지 않은 물건으로 우리 둘은 얼마나 싸웠는지 모른다. 결혼 후 이삼 년 정도 되자 갑자기 스스로에게 물었다. "이것을 제자리에 놓는 것이 정말 어려운 걸까? 제자리에 갖다 놓으면 삶이 훨씬 편해지진 않을까?' 또한 나는 그것이 제자리에 놓여 있을 때 남편의 기분이 어떨지를 잘 알고 있었다. 그리고 하나님께서도 말씀하셨다.

"모든 것을 적당하게 하고 질서대로 하라"(고전 14:40).

그러므로 내가 성경 말씀대로 실천하는 삶을 산다면 물건을 제자리에다 놓는 것이 합리적일 수 있다. 이것은 지식에 따라 배우자와 생활하는 단순한 예가 될 수 있다. 당신이 배우자에 대해 많이 알수록 그것은 결과적으로 당신에게 이로운 일이다.

어려운 일이라도 모든 일에 하나님께 순종하라

사도행전 5장 29절은

"베드로와 사도들이 대답하여 가로되 사람보다 하나님을 순종하는 것이 마땅하니라"

고 말하고 있다. 아마 당신도 모든 일에 하나님께 순종하길 원할 것이다. 내가 상담자들에게 자주 받는 질문이 있다. "만약 남편이 나에게 비성경적인 일을 하라고 하면 어쩌죠?" 당신이라면 어떻게 대답하겠는가?

만약 남편이 당신에게 성경에 위배되는 일을 하라고 하면 당신은 그 요구를 거절하고 하나님을 따라야 한다. 그것은 하나님께서 허락하신 일이 아니라고 진지하게 말한다면, 그동안 당신 삶을 지켜봐 온 남편은 하나님께 순종하는 것이 당신에게 얼마나 중요한지 알 수 있을 것이다. 하지만 혹여라도 만약 자신이 원하는 일은 다하면서 남편이 원하는 일은 하지 않는다면 당신의 거절은 설득력을 잃는다.

그러므로 남편에게 이렇게 말하라. "내가 하기 싫어서가 아니라 하나님께서 아니라고 말씀하셨어요." 그리고 당신은 일상생활 가운데 말씀을 꾸준히 적용시켜야 한다. 하나님 말씀에 순종해야 한다. 남편이 원하더라도 그것이 하나님의 뜻이 아니라면 남편에게 담대하게 말하라. "하나님께서 이 일을 기뻐하시지 않을 것 같아요."

몇 년 동안 내 남편은 성경에 위배되는 일은 전혀 요구하지 않았다. 물론 크리스천으로서 정말 하기 싫은 일을 요구한 적이 있었다. 그때 너무 쉽게 내 입에서 튀어나온 말은 이것이었다. "난 그것을 할 수 없어요. 나는 크리스천이란 말이에요." 그러나 이것은 신앙인의 부정적인 이미지만 심어 주었다.

그 몇 년 동안 남편은 '크리스천은 재미없는 사람' 이라고 생각했다. 크리스천은 잘 웃지도 않고, 다른 데는 가지도 않고, 가족과 시간을 보내지도 않고, 다른 친척들과 어울리지도 않는다고 생각했다. 한편으로 그것이 크리스천의 실제 모습일 수도 있다. 곰곰이 생각해 보니 내가 남편에게 그런 인상을 주었던 것 같다. 나는 말씀을 우선 나에게 이롭게 응용하려고 했다. 이 점은 당신이 말씀을 적용할 때도 매우 중요하다. 당신에게 유리한 대로가 아니라 사실대로 적용해야 한다.

덧붙이자면 하나님께서는 불평등하게 멍에를 졌든 그렇지 않든, 우리를 부르신 데는 몇 가지 기본적인 이유가 있다. 하나님께서는 주님의 위대한 사명을 행하라고 모든 크리스천들을 부르셨다.

"오직 성령이 너희에게 임하시면 너희가 권능을 받고 예루살렘과 온 유대와 사마리아와 땅 끝까지 이르러 내 증인이 되리라 하시니라"(행 8:1).

여기서 예루살렘은 가정에서 당신의 증거이며, 당신이 남편과 다른 가족에게 증거가 되는 곳이다. 그러나 위대한 사명의 일부로 하나님께서는 당신을 가정의 경계 밖으로 부르셨다.

불행하게도 불신자 남편에게 복종하면 다른 섬김의 일은 하지 못한다고 믿는 사람들이 있다. 사실은 그렇지 않다. 위대한 사명은 예루살렘에서 시작된다. 당신은 예루살렘에 있는 청지기다. 그러나 사마리아나 유대로 나올 수 있다. 예수님께서도 예루살렘에 계시면서 모든 영혼을 구원하신 것이 아니다. 주님은 예루살렘에서 사역을 시작하셨으나 다른 곳으로 계속 옮기셨고, 주기적으로 예루살렘으로 돌아오셨다.

당신도 마찬가지다. 사역은 가정에서 시작한다. 남편을 섬기고 여러 도전에 부딪치면서 당신은 영적으로 성숙허진다. 성숙해진 당신은 밖으로 나갈 필요를 느끼게 된다. 하나님께서는 우리에게 하나님을 위한 증인이 될 기회를 부여하신다. 당신이 기억해야 할 것은, 가정 안에서 열심히 하나님 말씀에 순종하다 보면 당신의 경계가 가정 밖으로 확장된다는 것이다. 하나님께서 당신을 부르신 데는 특별한 이유가 있다.

결혼 3년째, 나는 자메이카에서 사역할 기회가 있었다. 나는 남편이 자메이카로 갈 것을 격려했을 때 매우 놀랐다. 남편은 멋진 기회가 될 것이라고 말했다. 또한 그곳에는 하나님을 모르는 사람들이 많고, 나에게 배울 사람들이 많이 있을 거라고까지 했다. 나는 남편에게 이렇게 물었다. "하지만 당신은 어떻게 해요, 여보. 당신은요?" 남편은 말했다. "당신이 먼저 가서 그 일을 하는 게 어때? 내가 나중에 가서 도와줄게. 모든 것이 잘 될 거야." 그는 심지어 재정적인 도움도 주었다.

하나님께서 하시는 일을 지켜보는 것은 정말 놀라운 일이다. 나는 2주간 집을 떠나서 사역할 수 있었다. 아마 남편에게 먼저 다가가 묻지 않았다면 그 기회를 잃어버렸을지도 모른다. 남편에게 다가가기만 해도 하나님께서 가능케 하시는 일이 얼마나 많은지 당신은 놀라게 될 것이다. 남편이 당신을 놓아 주지 않아 당신이 하나님의 일을 할 기회를 잃거나 내내 집에만 있게 될 거라고 쉽게 단정 짓지 말라.

당신이 밖에 나가지 않고 일하는 것을 남편이 더 좋아한다면, 당신이 남편에 대해 지닌 지식에 따라 처신하면 된다. 그리고 집에서 할 수 있는 일이 무엇인지 알아보는 것도 좋다. 화요일 성경공부를 하는 것은 어떤가? 토요일 오후 자매들의 기도 모임을 주최하는 것은 어떤가? 사역에 관련된 일이면서도 가정에 부정적인 영향을 미치지 않은 일들을 알아보라.

새신자 때의 여러 가지 일이 기억난다. 비록 그때는 주님께서 나를 부르셨다는 확신은 없었지만, 주님을 위한 열정과 열심이 있었고 봉사하기를 원했다. 급한 마음에 나는 예루살렘, 곧장 지구의 반대 방향으로 떠났다. 그럼에도 결혼생활이 유지된 것이 기적이다. 개척교회를 도왔고, 안내를 맡았으며, 성가대로 봉사하고, 주일학교 교사로도 섬겼다. 목사님의 보조로도 일을 했고, 아무튼 하루 종일 교회의 일들을 했다. 월요일과 화요일에는 모임이 있었고, 수요일은 기도 모임, 목요일은 성가대 연습으로 늦게까지 집을 비웠다.

교회와 교회 사람들을 섬기느라 난 너무 바빠서 가정을 제대로 섬기지 못했다. 남편이 나를 떠나지 않았던 것은 정말 하나님의 은혜였다. 주님 안에서 성장하게 되자 예루살렘에서 사역이 시작된다는 것을 알게 되었다. 따라서 나는 돌아가 다시 시작할 수 있었다. 다행히 옆에서 나를 끌어주는 현명한 목회자가 계셨다. 그는 "언제 집에 있나요? 우리는 진실로 자매님이 교회 있기를 원합니다. 자매님의 봉사에 감사하고 열정에 기뻐합니다. 그러나 집으로 돌아가야 합니다"라고 말해 주었다. 그때 난 너무 미숙해서 그 말의 뜻을 제대로 받아들이지 못했다. "하지만 저는 봉사하고 싶어요. 돕고 싶고, 변화를 만들고 싶어요."

그러자 목사님은 내가 알아듣기 쉬운 말로 진솔하게 설명해 주었다. "가장 큰 변화는 집에 있음으로써 이뤄집니다. 자매님의 남편은 매일같이 교회 사람에 대해서 듣고 싶어하지 않습니다. 그 때문에 남편이 교회에 나오지 않는 겁니다. 남편 분은 지쳤어요. 자매님이 항상 교회에 있으니까요. 그리고 항상 교회 사람들과 무슨 일이 있었고 얼마나 기분 좋았는지 이야기하잖아요. 그러니 집에 있는 자매님의 남편이 구원을 받지 못하고 영적인 것에 대해 이야기할 사람이 없음을 안타까워하세요. 자매님은 남편을 혼자 놔두고 내내 여기서 예배하고 섬기면서 시간을 다 보내고 있습니다."

당신이 주님께 부름 받은 일이 무엇인지 알아내는 것은 매우 중요한 일이다. 분명히 주님께서는 특별한 사역의 장소로 당신을 부르셨다. 하지만 그곳이 당신이 원치 않는 곳일 수도 있다. 나는 집에 있고 싶지 않았다. 나는 주님을 사랑하는 사람들, 그리고 내가 한 일을 멋있다고 생각하는 사람들이 있는 곳에 함께 있고 싶었다. 그곳에서 나는 그 사람들과 함께 기뻐하며 흥분했다. 사실 내가 드린 예배와 사역의 동기 가운데 하나는 집안일의 압력으로부터 자유로워지는 것이었다.

많은 사람들이 나처럼 자신의 삶을 바라보고 마음을 살펴야 한다. 왜 당신이 교회 일에 그렇게 많은 시간을 쏟고 있는지 알아야 한다. 그것이 정말 당신이 우선적으로 해야만 하는 일인가? 집에 돌아가 예루살렘에서 더 많은 시간을 섬겨야 하지 않는가?

고린도후서 2장 9절은

"너희가 범사에 순종하는지 그 증거를 알고자 하여 내가 이것을 너희에게 썼노라"

고 말하고 있다. 몇몇 명령을 따르고 어떤 시험에 통과하는 것은 쉬운 일이다. 그러나 정말 영적으로 성장하고 싶다면 성경 말씀을 우리 삶에 적용시켜야 한다. 우리는 균형 잡힌 삶을 이끌어야 하고, 이것은 우리가 집에서나 공동체, 혹은 교회에서나 같은 태도로 섬겨야 한다는 것을 의미한다. 나 자신이 주님을 섬기고 싶다는 바람 때문에 우리 가정이 고통을 겪어서는 안 된다. 내가 서야 할 마땅한 자리가 아닌 곳에 있다면 그 섬김을 하나님께서 정말로 기뻐하실까?

우리는 입술의 찬미로도 주님을 섬길 수 있다.

"할렐루야 여호와의 이름을 찬송하라 여호와의 종들아 찬송하라"(시 135:1).

"내 입이 여호와의 영예를 말하며 모든 육체가 그의 성호를 영영히 송축할지로다"(시 145:21).

그러므로 항상 밖에서 일할 필요는 없다. 당신은은 어느 곳에서든지 하나님을 증거하고 섬길 수 있기에 상황을 판단할 때 이 점을 꼭 기억해야 한다. 당신이 가정 밖에서 봉사를 해야 하는지, 가정에서 섬 겨야 하는지 결정해야 한다면 주님의 도움을 구하라. 지혜를 얻으려 면 모든 일에 주님께 순종해야 한다.

주님과 가까운 관계를 유지하라

히브리서 13장 4절에 "모든 사람은 혼인을 귀히 여기고"라고 써 있 다. 불평등한 멍에를 멘 신앙인들이 쉽게 이혼을 생각하지 않기 위해 서는 위로가 필요하다. 결코 이혼이 우리의 선택이 되어서는 안 된다. 하나님께서 우리의 주권자 되시고 모든 일을 주관하신다.

"여기서 나가야겠어. 더 이상 참을 필요가 없어"라며 매번 뭔가가 잘못 되었다고 생각한다면, 멈춰서 이런 생각들을 사로잡아야 한다. "모든 이론 을 파하며 하나님 아는 것을 대적하여 높아진 것을 다 파하고 모든 생각을 사로잡아 그리스도에게 복종케 하니"(고후 10:5).

결혼은 영원하다는 것이 내 생각이다. 가정에 좋지 않은 일이 일어 나도 우리는 그것을 이겨낼 수 있다. 나는 하나님의 말씀으로 자신을 격려한다. 말씀은 우리가 그 상황을 충분히 이겨낼 수 있다고 한다.

"그 노염은 잠간이요 그 은총은 평생이로다"(시 30:5).

내가 주님을 알고 순종할수록 하나님께서 뭔가를 보여 주시지 않 을까 하는 기대가 생긴다. 그분께서 무엇을 하실지 모르나 그분은 하나님이시고 전능하신 분이다. 또한 그분이 나에게 좋은 것을 주시기 위해 모든 일이 성취되기를 바라신다.

특히 균형이 맞지 않는 관계에 있을 때, 주님과 가까운 관계를 유지하는 것은 신앙인으로서 살아가는 데 매우 중요한 일이다.

"내가 아버지께 구하겠으니 그가 또 다른 보혜사를 너희에게 주사 영원토록 너희와 함께 있게 하리라"(요 14:16).

우리가 주님과 가까이 있을수록 우리가 성령님과 함께 있다는 것을 깨닫게 된다.

그렇다. 성령님께서는 우리 가까이에 계신다. 상담자이자 위로자이며 우리의 상황과 일을 잘 알고 있는 그분은 우리가 영적으로 성장할 수 있도록 도우시며, 어떤 상황에도 상관없이 그리스도 안에서 성숙할 수 있도록 도우신다.

요한복음 15장 4절은

"내 안에 거하라 나도 너희 안에 거하리라 가지가 포도나무에 붙어 있지 아니하면 절로 과실을 맺을 수 없음같이 너희도 내 안에 있지 아니하면 그러하리라"

고 말씀하고 있다. 일상생활의 기초가 되는 일을 하는 것은 쉬우나 우리의 영혼이 방황하고 있다는 것을 깨닫는 것은 쉽지 않다. 당신이 성경 말씀을 묵상하지 않는다면 하나님께서 당신에게 무엇을 요구하시는지 알 수가 없다. 말씀을 공부할수록 하나님께서 얼마나 당신과 함께하시길 원하는지 분명히 알 수 있다.

주님 안에 거하는 것

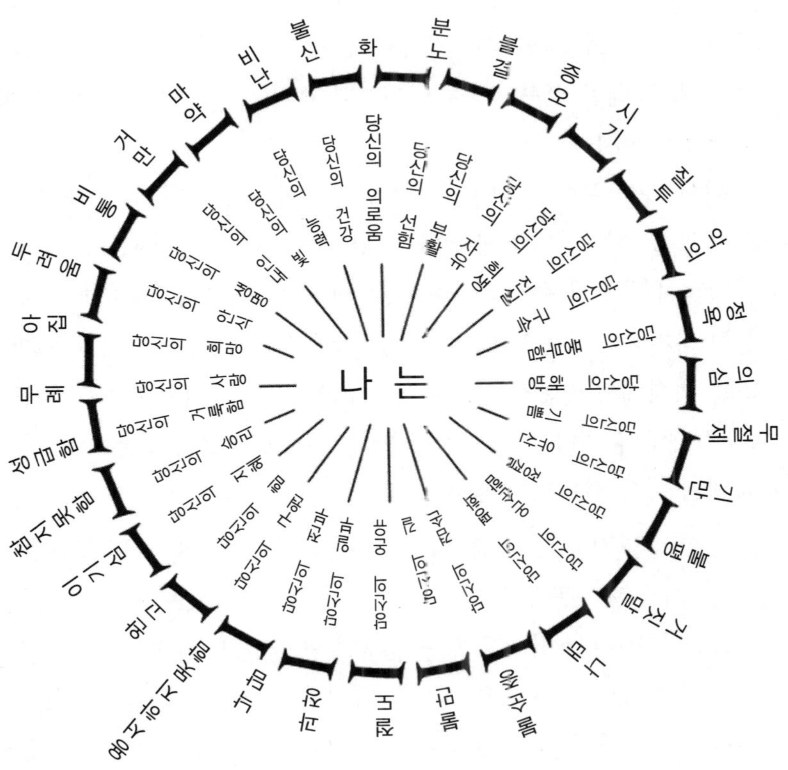

그림 3-1

"너희가 내 안에 거하고 내 말이 너희 안에 거하면 무엇이든지 원하는 대로 구하라 그리하면 이루리라"(요 15:7).

이 표는 크리스천다운 삶을 살도록 당신을 도와줄 것이다. 또한 당신이 주님 안에 거하는지, 육체 안에 거하는지 보여 준다. 원의 가운데를 보면 '나는'이라고 써 있다. 이것은 위대한 주님, 우리의 상담자이자 아버지시며 하나님 되신 분이 우리 삶 속에 계신다는 것을 말해 준다. 그분은 우리의 빛과 희망과 힘이 되시며, 구원, 충만, 진실, 부활, 온유 그리고 겸손의 하나님이시다. 우리가 가진 모든 선한 속성이 바로 그분이시다.

원의 바깥 부분을 보자. 의심과 불신이 있거나 우리 맘대로 일이 되지 않을 경우 낙담하게 된다. 상황이 얼마나 나쁜지 과장하게 되고, 이기적이며 자기 중심적인 이유로 배우자의 구원을 원하게 된다. 자신의 의지나 고통이 많으면 우리는 육체 안에 거하는 것이다. 그때 우리는 성경에서 말씀하는 것과 상관없이 우리 자신이 원하는 일을 한다. 그때마다 우리는 먼저 주님 앞에 나와 스스로를 복종시키고 주님께 무릎 꿇고 용서를 구해야 한다.

당신이 믿지 않는 불신자와 살거나 혹은 영적 성숙 면에서 균형이 맞지 않는 부부 관계에 있다면 하나님께서는 당신이 성장하기를 요구하신다. 따라서 당신은 모든 행동, 태도, 생각에 신중해야 한다. 주님을 기쁘시게 하는 일은 매우 중요하다. 진정으로 주님을 기쁘시게 하려면, 당신은 결혼을 위태롭게 하거나 영적으로 성장하지 않는 데 대한 변명으로 남편을 이용하지 않을 것이다. 우리는 결혼생활에서도 뱀처럼 지혜로워야 한다.

요약하면 지혜롭게 살기 위해서는 실천하고, 배우자와 결혼생활을 위해 중보기도하며, 주님에게 하듯이 남편에게 복종하며, 지식에 따라 배우자와 거하고, 모든 일에 주님께 순종해야 한다. 그러면 우리의 결혼생활이 행복하며, 더욱 주님과 가깝게 지낼 수 있다.

"하나님이 그 기뻐하시는 자에게는 지혜와 지식과 희락을 주시나"(전 2:26).

우리 모두 이렇게 기도하자.

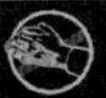

Prayer

"하늘에 계신 아버지, 아버지께서는 우리의 마음과 우리에게 닥친 도전들을 아십니다. 하나님의 말씀을 주신 것에 감사드립니다. 우리는 성경에서 희망과 용기를 찾습니다. 우리가 그것을 삶 가운데 적용할 때, 우리의 삶이 깨끗해지고 더욱 성장할 것을 믿습니다.

사랑하는 주님, 우리의 기도를 들으셔서 감사합니다. 우리의 마음이 무거울 때 주님께 부르짖습니다. 주님, 주님만이 이해하시는 일에 대해 우리는 신음할 뿐입니다. 아버지. 우리가 주님의 도움을 간구합니다. 주님, 주님과 동행하는 것은 어려운 일이지만 감당할 만한 시련을 주시는 것을 압니다. 우리에게 지혜와 힘과 위로를 주셔서 감사합니다.

아버지, 우리가 배우자에게 증인이 되고, 주님께서 주신 변화로 인해 배우자 앞에 서게 하신 것을 감사드립니다. 또한 배우자가 구원받게 되기를 기도합니다. 그가 주님을 알게 하시고 섬기게 하시고 천국의 변화를 만들 수 있도록 하옵소서. 예수님의 이름으로 기도합니다. 아멘."

결혼에서 최대치를 찾으라

4 결혼에서 최대치를 찾으라

결혼생활에서 우리는 대부분 눈에 보이는 것만 보고 듣기 마련이다. 그러나 그 보이는 이야기 뒤에는 항상 보이지 않는 이야기가 동시에 존재한다. 결혼생활은 마치 드라마와도 같다. 드라마에 여러 가지 장르가 있듯이, 결혼생활도 어떤 것은 공포물이고, 어떤 것은 코미디물이며, 또 어떤 것은 사랑 이야기다.

그 드라마의 보이지 않는 이야기의 감독은 바로 하나님이시다. 그분은

"믿음의 주요 또 온전케 하시는 이"(히 12:2)

다. 우리는 그분의 작품에서 배우로 캐스팅 되는 특혜를 얻었다. 당연히 우리는 감독의 지시에 따라야 한다. 하나님께서는 우리 각자의 역할을 기획하셨다. 문제는 우리가 얼마나 맡은 역할을 잘 감당할 수 있을까다.

드라마에서 어떤 캐릭터는 그저 어슬렁거리기만 하고 대사는 한

마디도 없다. 단지 걸어가는 것이 그의 역할이다. 또 어떤 캐릭터는 두 시간짜리 영화에서 대사가 단 한 줄뿐이지만 그 역할을 해낸 후 대가를 받는다. 마찬가지로 우리 역시 맡겨진 역할이 크든 작든 최선을 다해야 한다. 하나님께서 지시한 대로 역할을 잘해낸다면 우리도 천국에서 그 대가를 받게 될 것이다. 행동에는 그에 대한 보상이 반드시 있다.

> "내가 너희에게 이르노니 사람이 무슨 무익한 말을 하든지 심판 날에 이에 대하여 심문을 받으리니 네 말로 의롭다 함을 받고 네 말로 정죄함을 받으리라"(마 12:36-37).

일상 가운데서 우리는 단 한 줄의 대사를 할 기회가 너무 많다. 우리가 빈정대며 나쁜 말을 하면 심판날 주님께 용서를 구하기 전에 바닥으로 추락하고 만다. 단지 말 한마디 때문에 배우자에게 용서를 구하기 위해 비굴해질 수도 있다. 대사 한 줄이 전체 영화를 망칠 수 있다. 그러므로 결혼생활에서 당신의 역할을 어떻게 하고 있는지 생각해 보라. 당신의 대사 한 줄은 무엇인가? 당신의 역할은 무엇인가?

결혼의 법칙

우리는 그리스도인이기 때문에 결혼생활에서 각자 맡은 역할에 더 주의해야 한다. 역할을 잘 감당하기 원한다면 그리스도께서 가신 길을 따라가라. 만약 말할 기회를 얻었다면 더욱 지혜로워야 한다. 성경에는 어리석은 여인이 눈물로 집을 무너뜨리는 장면이 나온다.

당신은 가정을 세우기 원할 것이다. 당신이 무엇을 하고 무슨 말을 하는지에 따라 당신의 가정이 영향을 받는다. 그러므로 자신의 역할을 잘 이해하는 것이 도움이 된다. 우리가 어떻게 배우자에게 다가가야 하는지 알아내기 위해서는 진실로 성경 말씀, 즉 하나님의 지혜와 통찰력에 의지해야 한다. 우리가 하는 많은 말은 사실 불필요한 것들이다. 그러나 단 한 줄의 대사라도 그것이 우리를 기쁘게 하고 깨달음을 주며 격려한다면, 배우자와의 관계를 무너뜨리는 것이 아니라 세우는 것이다.

우리는 다른 사람의 역할을 하라는 유혹과 다른 사람이 하는 대로 따라하라는 유혹을 피해야 한다. 복제품 같은 형편없는 배우의 연기를 본 적이 있는가? 생활 가운데 실제로 많은 사람들이 그렇게 한다. 또한 어떤 사람들은 괜찮다고 여겨지는 타인의 연기를 따라하려고 한다. 당신을 실패하게 만드는 것 가운데 하나가 다른 사람의 결혼생활을 바라보는 것이다. 다른 부부들을 보며 비교하는 것은 매우 위험한 일이다. 남편이 믿는 사람이고, 다른 부부들처럼 관계가 좋으면 얼마나 좋을까 생각하는 것은 자신을 시험에 빠뜨리기 쉽다. 좌우를 쳐다보며 비교하지 말라. 오직 도움이 오는 위를 바라보라.

당신의 도움은 주님께로부터 온다.

주님을 바라보며 결혼생활 가운데 힘든 일이 닥쳐도 그 배우자를 주신 주님을 찬양한다면, 그분이 당신에게 예비해 놓으신 풍성한 기쁨을 누리게 될 것이다.

결혼의 다섯 가지 유형

나의 경우를 비롯해 내가 상담한 많은 아내들의 다양한 경우를 살펴본 결과 결혼의 유형을 다섯 가지로 나눌 수 있었다.

- 비극 드라마와 같은 결혼
- 아름다운 기억, 슬픈 가면
- 평등을 추구하는 결혼
- 의사소통이 잘 되는 최고의 친구
- 좋은 모델이 되는 결혼

결혼생활을 하다 보면 상대방이 지루해질 수 있고, 심지어 좋지 않은 일들이 일어날 때도 있다. 결혼 관계는 자주 비극 드라마와 같다. 그래서 많은 부부들이 끝까지 참아내지 못한다. 결혼의 다섯 가지 유형을 살펴보고 당신의 결혼에서도 유사성이 있는지 생각해 보라.

비극 드라마와 같은 결혼

비극 드라마에서 빠지지 않는 소재는 증오의 관계다. 상대방에 대한 증오의 마음을 지닌 사람들은 그 마음이 어떤 행동의 결과를 낳을지 잘 모른 채 하루하루 살아간다. 이런 사람들의 일상에서는 사소한 일에도 다툼, 분쟁, 혼란, 비난, 싸움 등이 끊임없이 일어난다. 이런 마음을 지닌 부부는 개인적인 고통과 둘의 관계에서 오는 고통으로 얼룩져 있다. 이들의 집은 문을 열자마자 적의로 가득하다. 서로 마음 둘 곳을 찾지 못해 집 밖으로 돌기도 한다.

구원받고 난 후 잠깐 동안 나의 결혼 생활은 이 유형으로 빠져 버렸다. 나는 매우 신앙이 깊은 체했고 자신만 옳다고 생각했다. 주님을 알고 난 후 내 삶의 방식은 완전히 바뀌었고, 스스로 완벽하게 올바른 삶을 살고 있다고 생각했다. 하지만 결코 그렇지 않았다. 나는 남편의 죄와 단점, 그 모든 잘못을 지적하기에 바빴다. 내 삶만이 가정에서 유일한 빛이었다. 결국 예수님의 광채를 드러내지 못했고 큰 분쟁만 일으켰다.

남편은 내가 토를 다는 모든 문제에 대해 토론을 원하는 것 같았다. 그러나 나는 토론을 할 만큼 충분한 지식이 없었다. 또한 토론을 벌일 만큼 성경을 알지도 못했다. 내가 누구를 믿고 있는지는 알고 있었지만, 왜 믿는지는 설명하지 못했다. 그것이 나의 문제점 가운데 하나였다. 성경은 당신 안에 있는 소망에 대해 설명할 준비를 갖추라고 말씀하신다.

> "너희 마음에 그리스도를 주로 삼아 거룩하게 하고 너희 속에 있는 소망에 관한 이유를 묻는 자에게는 대답할 것을 항상 예비하되 온유와 두려움으로 하고"(벧전 3:15).

이 말씀은 우리가 사람들과 논쟁하거나 상대방을 눌러 버려야 한다는 말이 아니라 설명할 준비를 해야 한다는 뜻이다. 나는 매우 좌절했고 남편이 왜 주님을 사랑하지 않는지 이해할 수 없었다. 특히 그가 모든 성경 말씀을 인용하자 더욱 그랬다. 왜 남편은 천국에 가기를 원치 않을까? 왜 남편은 죄에서 해방되고, 성령을 의지하려고 하지 않을까? 회상해 보면 나는 그에게 동기부여를 전혀 하지 못했던 것이다.

결혼 2년째 우리의 생활은 뒤죽박죽이었다. 남편은 나에게 교회 가라고 부추기면서도, 한편으로는 내가 집에 돌아오자마자 당장 토론이라도 할 듯한 기세로 "오늘은 목사님이 무엇에 대해 이야기하셨어?"라고 물었다. 나는 교회 가는 것이 두려울 지경이었다. 나는 때로는 남편의 질문을 막으며 설교 노트를 건네주었다. 그러면 그는 대강 읽은 후 이렇게 말했다. "호, 그래 이것이 오늘 교회에서 당신에게 가르친 것이군." 나는 "왜 우리가 항상 이런 것을 두고 싸워야 하는가?" 회의가 들었다. 예배는 매우 좋았지만 집에 돌아오기 전에는 암흑 주위를 걷는 것 같았다.

아름다운 기억, 슬픈 가면

기억과 가면으로 이루어진 결혼생활을 하고 있는 사람들이 있다. 이런 결혼생활은 마치 속이 텅 빈 조개껍데기나 다름없다. 현재 결혼생활 가운데 되는 일이 전혀 없고 오히려 문제만 자꾸 생기는 것 같으며, 따라서 기쁨도 없다. 그러나 이들 부부 사이에는 예전의 아름다운 기억이 가냘프게 남아 있다. 그들은 적어도 겉으로는 아직 그 기억들이 여전하다는 흉내를 내며 산다.

어쩌면 당신도 이러한 상황에 있는지 모른다. 과거에 행복했던 시간이나 서로 관계가 좋았을 때를 회상해 본다. 잠시 그때로 돌아가 보자. 사실 그때가 우리 관계에서 가장 좋은 때였다. 우리는 서로 매우 사랑했고, 주변의 모든 것이 다 좋았다. 과거에 사랑했던 기억은 우리를 잠시나마 기쁨에 젖게 한다. 당신은 그 아름다운 기억의 힘으로 견딜 수 있고, 다시 그때로 되돌아갈 수 있다.

　나와 남편은 이 시기를 극복했다. 촛불이 있는 저녁식사와 별다른 문제가 없었던 결혼 첫 해를 떠올리면서, 어느 날 저녁 욕실 바닥에 앉아 눈물을 흘리기도 했다. 남편과 관계가 안 좋아진 이후, 그때의 아름다운 기억을 떠올리면서 한편으로는 미래에 대한 자신감도 많이 잃어버렸다. 그 당시 나는 과거에 꽉 붙들려 있었다. 방에 앉아 멍하니 벽을 바라보고 생각했다. "여보, 모든 것이 좋았던 때를 기억해요. 항상 웃고 떠들며 좋은 곳에 다니던 때가 기억나요." 나는 과거 좋았던 삶을 모두 기억하고 있었다.

　그러자 가면이 필요했다. 현재 모든 게 좋다는 인상을 줄 필요가 있었다. 사람들이 내 결혼 첫 해를 잘 기억하고 있었기에 그런 가면이 필요했다. 사람들은 내가 얼마나 근사하게 살고 있는지 떠들었던 것을 기억하고 있었다. 난 집을 나설 때마다 다시 멈춰 정신적으로 무장을 해야 했다. 즉 가면을 쓰고 밖으로 나갔던 것이다. "안녕! 나는 행복해! 나의 삶은 정말로 멋져! 나는 남편을 사랑하고, 남편은 나를 사랑해. 우리는 훌륭한 결혼을 했어. 집에 있는 것들도 다 멋지지. 그러나 나는 그 가면 뒤에서 울고 있었다. '내가 어떻게 지내는지 제발 묻지 말아요. 지금 울음이 터지기 직전이니까요. 집에 돌아가서 다시 이 연극을 계속하게 제발 눈물을 흘리지 않게 해주세요.'

　하지만 마음속으로는 솔직히 누군가가 나에게 말을 걸어주기를 갈망했다. "사브리나, 너 괜찮아?" 그러고 나서 마음을 열어 놓고 싶었다. "난 정말 전쟁을 겪고 있어. 그렇지만 하나님께서 전능하시다는 것을 알고 있어. 그분은 나를 지탱해 주실 거야. 하루하루가 도전의 연속이지만 주님께서는 이겨낼 수 있도록 나를 강하게 하셔"라고 말하고 싶었다. 그렇지만 내가 직접 만든 이 가면을 없앨 수는 없었다.

그 가면을 벗고 사람들에게 다가가 내가 가면을 썼으며 결혼생활은 너무도 어렵다고 말할 수가 없었다.

교회, 직장, 혹은 공동체에서 만난 사람들은 당신이 어떤 고통을 겪고 있는지 모른다. 그들은 당신의 결혼생활에서 어떤 상황이 일어나고 있는지도 전혀 알지 못한다. 우리 대부분은 서로 미소를 짓고 웃으며 교회에 들어가 친목을 나눈다. 그러므로 사람들은 당신이 삶을 멋지게 잘 이끌어가고 있다고 추측할 뿐이다. 그 결과 우리는 밖에서는 웃고 있지만, 그 안에서는 죽어가고 있는 것이다.

나는 누군가가 내 앞에 멈춰 서서 내가 정직하게 대답할 수 있도록 충분히 기다려 주기를 간절히 바랐다. "요즘 어때?" 그리스도인임에도 불구하고 우리는 주로 다른 사람이 어떻게 지내는지 묻는 것에만 익숙하다. 그리고 그 사람이 대답하기 전에 그 자리를 떠나 다시 다른 사람이 어떻게 지내는지 질문을 던진다.

나는 잘 지내지 못했고 정말로 도움이 필요했다. 나는 남편을 여전히 사랑했고, 우리가 이것을 이겨낼 수 있다고 생각했다. 그러나 나는 "주님, 언제입니까? 언제 우리가 이것을 완전히 이겨낼 수 있는지요?"라는 기도를 계속 하고 있었다.

그렇게도 원하는 변화는 밤을 지새워도 일어나지 않았다. 하지만 교회는 나의 피난처였고, 어떤 때는 교회의 모든 직분을 내가 다 갖고 있는 것같이 교회 일에 매달렸다. 나는 집이 아니면 어떤 곳도 좋았다. 그래서 교회에 가야만 되는 이유를 찾고 있었다.

그러나 목사님은 나를 집으로 돌려보내셨다. '나는 예수님 때문에 고통을 겪고 있어. 난 순교자나 다름없어.' 심지어 나는 예수님 때문에 고통을 겪고 있다고 생각하며 계속 의심했다. '왜 목사님은 나를 집으로 보내셨을까?' 그러나 집으로 돌아간 나는 그때서야 매일같이 교회에 가서 주님과 함께할 필요는 없음을 깨달았다. 당신도 마찬가지다. 하나님과의 교제는 집에서 시작되고 당신의 마음속에서 시작된다. 나는 자신을 위한 기도를 그만두고 또 내 처지에 대한 한탄도그만두고, 다가올 나의 변화를 기다리며 남편과 결혼생활을 위해 주님 앞에 무릎을 꿇었다.

여러분 중에는 변화를 기다리는 것이 얼마나 어려운 것인지 아는 사람도 있을 것이다. 그렇다. 변화는 반드시 이루어진다. 그러나 그것은 하나님의 계획에 따라 그분의 시간 속에서 이루어진다. 하나님께서는 항상 정확하시다. '언제쯤?', '왜?' 란 기도를 그만두자 나는 내 상황이 변하도록 노력하는 일을 그만두게 되었고, 하나님께 그 일을 행하시도록 부탁했다. 그러자 변화가 시작되었다. 하나님께서 내 마음과 내 접근 방식, 또 결혼에 대한 내 태도를 변화시키셨다.

나중에 남편과 나 사이의 관계가 발전되자 혼자 상심하는 일이 사라졌다. 매우 기뻤으며, 오랜만에 행복을 되찾은 느낌이었다. 그러나 얼마간의 시간이 흐르자 다시 그 자리로 돌아와 버렸다. 나는 다시 슬픈 가면을 썼고, 아름다운 옛 기억에 매달렸다. 기억과 가면은 관계를 악화시켰고, 이것은 약 3, 4년 간 지속되었다. 나는 오랫동안 이러한 악순환에 매여 있었다. 그러나 하나님께서는 그 시간을 통해 하나님의 방법에 대해 더 많이 가르쳐 주셨고, 나는 앞으로 다시 나아갈 수 있었다.

평등을 추구하는 관계

평등한 관계를 추구하는 부부는 수평적인 삶을 살며 대개는 서로에게 다정하다. 그리고 이들은 서로 의존하기보다는 각자 독립적인 삶을 살면서 신뢰와 친밀감을 만들어 간다. 결혼의 질적인 면은 안정성에 기초를 둔다. 배우자 양쪽 다 관계 발전을 위해 노력하지 않으면 결혼생활은 삐걱거리기 마련이다. 결혼한 부부는 각자 독립된 주체로서 평등하게 자신을 다시 세워야 한다.

비극 드라마와 같은 관계 가운데 약 1년 간 생활하고, 다시 옛 기억을 떠올리며 가면을 쓰고 3, 4년 간 생활하고 나서야 남편과 나는 서로의 차이점을 받아들일 수 있었다. 그 이후 우리는 서로 평등하고 부드러운 관계로 발전해 나갔다. 각자 목표를 찾았고, 좋아하는 일들을 하면서 삶의 흥미를 되찾기 시작했다. 나는 내 일을 하고, 남편은 그의 일을 했다. 우연히 공통점을 찾게 되면 대단히 기뻤다.

우리는 각자의 수첩을 가지고 함께 스케줄을 체크했다. 그 일은 또 하나의 즐거움이 되었다. "나는 주말에 여기서 회의가 있어요. 당신은 그날 집에 있나요?" "난 시내에 있는데 잘됐네요. 함께 데이트해요." "다음 주에는 무엇을 할 거죠?" "이거 나와 같이 할 수 있나요?" "글쎄, 나는 친목회를 가야 하고 당신은 교회 모임에 가야잖아." "좋아요. 여기다 메모해 둘게요."

평등한 관계로 각자 독립적으로 살게 된 우리 부부는 평행한 길을 따라 걷다가 한 지점에서 만나는 일을 매우 기뻐했다. 그러나 아직 상호 관계, 목표, 목적 혹은 비전을 위해 함께 노력한 것은 아니었다.

의사소통이 잘 되는 최고의 친구

부부란 그 누구보다 친밀한 관계지만, 각각 독립된 존재다. 이런 관계의 부부는 각각 상대를 인생의 최고의 친구로 간주한다. 단 여기에는 '의사소통이 잘 되는' 이라는 단서가 붙는다.

한번은 다가올 여성 회의에서 연설을 준비하면서 집 안을 온통 책들로 어지럽게 한 적이 있었다. 전에는 그리스도인의 흔적을 남기려 했기에 오히려 남편을 위한 책과 노트가 집안뿐 아니라, 그의 점심 도시락과 주머니에도 가득했다. 남편은 여기저기에서 발견되는 책과 노트를 보며 내가 자기를 위해 한 일이라고 추측하곤 했다. 그러한 일이 비록 오래 지속되지는 않았지만, 남편은 아직도 내가 한 일을 기억하고 있다.

책이 몇 권 없어져서 "여보, 혹시 내 책 못 봤어요?"라고 묻자 남편은 "오, 그 책은 내 사무실 서랍에 있어"라고 말했다. "책을 가져와요. 왜 그 책이 당신 사무실 서랍에 있지요?" "나는 당신이 내가 그 책을 읽기 원한다고 생각했지."

다음 날, 남편이 집으로 돌아와서 "저기, 나 그 책들 다 읽었어. 깨닫게 하는 게 많던데"라고 했다. 나는 조심스럽게 대답했다. "잘됐네요." 그러자 남편이 물었다. "그런데 당신은 지금 우리가 어디쯤 와 있다고 생각해? 우리 결혼생활에 대해 어떻게 생각해?" 갑작스러운 질문에 당황하기는 했지만 나는 별로 중요하게 생각하지는 않았다. 곧이어 나는 이렇게 말했다. "당신이 알다시피 우리는 각자 취미가 다르잖아요. 이제 우리는 어느 정도 관계가 회복되고, 갈등도 많이 해결되었으며, 서로를 공격하지도 않아요. 상대방과 함께 사는 방법을 배워 가고 있어요. 그러니까 서로 평등한 길을 걷고 있다고 말할 수 있겠네요. 우리 관계는 원만하고 모든 게 괜찮으니까."

그러나 남편은 내 말에 반대했다. "아니지, 아니야. 우리는 서로 자석과 같은 관계지. 서로 강하게 동기 부여를 받고 있잖아. 서로 평등하다는 것은 이전의 관계를 설명하는 말이고, 지금은 함께 가고 있는 거지." 나는 한편으로 매우 놀랐다. "우리가요? 우리가 정말로 함께 자라고 있는 건가요?"

내가 우리 관계에 대해 생각해 보니, 우리는 최근에 많은 시간을 함께 보내고 있음을 깨달았다. 주님께서는 내가 변화해야 할 것들에 대해서 깨닫게 하셨다. 그래서 난 정직하게 변화를 이루려고 노력했다. 그때 나는 남편의 그 생각이 어디에 기초를 두고 있는지 정확하게 알기 위해 책들을 보면서 과거를 돌아보기로 결심했다.

최근 5, 6개월 동안 남편과 나는 많은 시간 동안 웃고 이야기했다. "그래, 바로 이것이 우리가 마치 자석 같은 관계가 되는 비결이 아닐까. 우리는 의사소통이 너무 잘 되는 부부임에 틀림없어. 날씨나 뉴스 같은 문제에 대해서도 이야기를 나누고 있지"라는 생각이 들었다. 우리는 드디어 함께 나아가기 시작한 것이다.

결혼생활에 대한 남편의 시각이 변화되고, 곧이어 실질적인 변화들이 생기자 나는 매우 놀랐다. 나는 결혼 관계에서 내 역할만 하느라 매우 바빴기에 우리가 커플로서 함께 성장하고 있음을 알지 못했다. 남편도 우리 관계가 의소통이 잘 되는 최고의 친구 관계라는 사실을 알게 되자 매우 기뻐했다. 솔직히 난 그런 면에서는 기대하지도 않았기에 나의 기쁨이 훨씬 더했다. "오, 좋은 일이야. 주님, 이것은 정말 놀라운 발전이에요! 비록 9년이 걸렸지만 우리는 좋은 관계로 발전했어요. 앞으로는 우리의 관계가 더 깊어지고 발전하겠지요?" 그러자 나는 기도하기 시작했다. "아버지, 남편이 성경을 받아들일 준비가 되도록 해주세요."

그 이후 남편은 매번 내가 권하는 책을 하나씩 읽기 시작했다. 그는 나와 책 내용에 대해 대화하려고 1, 2주를 기다리곤 했다. 때때로 나는 "당신 책꽂이에 있는 것도 좀 보여줘요"라고 했다. 우리는 결혼생활에 대해 연구하며 좋은 시간을 가졌다. 우리가 상대에게 보였던 변화들은 냉소적인 것이 아니었다. 대신 그 변화들은 우리가 함께 행동할 수 있는 기회를 많이 주었다.

나는 자주 이렇게 생각했다. '이것이 진정한 축복이야. 이 사역은 주님께서 내 결혼생활에 주신 거야. 비록 아주 어려운 때가 있었긴 해도 말이야. 내가 모은 책과 자료들 때문에 남편이 서재에 가서 책을 읽게 되었어. 남편이 종교적인 책을 집어 들어서 흥미라도 갖게 된다면 기적이라고 생각했는데! 성경은 절대로 헛되지 않다.

"내 입에서 나가는 말도 헛되이 내게로 돌아오지 아니하고 나의 뜻을 이루며 나의 명하여 보낸 일에 형통하리라"(사 55:11).

나는 그 책들이 좋은 땅에 떨어져 그의 삶의 변화를 가져오게 해달라고 기도했다. 하나님께서는 그 과정을 통해 매우 많은 것을 배우게 하셨다. 하나님께서는 우리를 다루시는 방법을 갖고 계시며, 우리가 무언가를 누구에게 주려고 애쓸 때마다 먼저 나에게 교훈을 주셨다.

좋은 모델이 되는 결혼

하나님의 계획 아래 그분의 뜻에 따라 움직이는 결혼이야말로 최고의 결혼이며, 결혼생활의 좋은 모델이다. 이런 결혼생활을 하고 있는 배우자의 관계는 매우 가깝다. 이들은 비록 둘이지만 한 몸을 갖게 된다. 함께 섞이고 엮인 이들의 삶의 목표는 실제로 함께 변화되는 것이다.

결혼한 지 17년이 지나자 우리는 마침내 결혼생활의 변화를 위해 함께 노력하기 시작했다. 나는 우리의 결혼생활이 하나님의 계획 아래 이루어질 날을 기다리고 있었다. 남편은 주님을 알기 위해 점점 다가오고 있었다. 단지 주님에 대해 아는 것에서 그치는 것이 아니라 인격적인 만남을 갖게 되었다. 남편은 주님을 위해 살기를 희망했다. 삶의 가치관 자체가 변했으며, 전인격적으로 삶이 변화되었다. 최고의 결혼생활을 위해서는 사랑 속에서 성장해야 하고, 서로 하나님에 대한 약속이 있어야 한다. 우리 부부의 목표는 그리스도인들의 결혼생활에 놀라운 모델이 되는 것이었다.

> "그리스도를 경외함으로 피차 복종하라 아내들이여 자기 남편에게 복종하기를 주께 하듯 하라 이는 남편이 아내의 머리 됨이 그리스도께서 교회의 머리 됨과 같음이니 그가 친히 몸의 구주시니라 그러나 교회가 그리스도에게 하듯 아내들도 범사에 그 남편에게 복종할지니라 남편들아 아내 사랑하기를 그리스도께서 교회를 사랑하시고 위하여 자신을 주심같이 하라 이는 곧 물로 씻어 말씀으로 깨끗하게 하사 거룩하게 하시고 자기 앞에 영광스러운 교회로 세우사 티나 주름잡힌 것이나 이런 것들이 없이 거룩하고 흠이 없게 하려 하심이니라 이와 같이 남편들도 자기 아내 사랑하기를 제 몸같이 할지니 자기 아내를 사랑하는 자는 자기를 사랑하는 것이라 누구든지 언제든지 제 육체를 미워하지 않고 오직 양육하여 보호하기를 그리스도께서 교회를 보양함과 같이 하나니 우리는 그 몸의 지체임이니라 이러므로 사람이 부모를 떠나 그 아내와 합하여 그 둘이 한 육체가 될지니 이 비밀이 크도다 내가 그리스도와 교회에 대하여 말하노라"(엡 5:21-32).

이것은 우리가 주님 안에서 성장하고 주님과 동행할 때만 이루어진다. 또한 훌륭한 모델이 되는 최고의 결혼생활은 그 동행의 과정임을 깨닫는다. 우리는 이 목표를 향해 나아가기 위해서 가능한 모든 일을 해야만 한다.

당신의 결혼생활은

지금까지 결혼생활의 다섯 가지 유형을 살펴보았다. 이제 당신의 결혼생활에 대해 살펴볼 차례다. 결혼생활 가운데 하나님께서 당신에게 맡기신 역할은 무엇인지 생각해 볼 시간이 필요하다. 현재 당신이 처한 환경과 상황에 너무 얽매이지 말라. 상황을 변화시킬 수 있는 것은 오직 당신 속에서 살아 움직이고 역사하시는 하나님의 능력이다.

당신은 앞으로 나아갈 수 있다. 심지어 당신이 현재 최고의 결혼생활을 한다고 느끼더라도 말이다. 하나님께서는 주님이 오실 때까지는 우리가 완벽해질 수 없다고 말씀하셨다.

"너희 속에 착한 일을 시작하신 이가 그리스도 예수의 날까지 이루실 줄을 우리가 확신하노라"(빌 1:6).

그러므로 당신에게는 여전히 앞으로 계속 가야 할 길이 남아 있다.

행복한 결혼생활을 하려면

행복한 결혼생활을 하기 위해서는 누구나 능력 즉 P.O.W.E.R가 필요하다.

■ 찬양과 기도(**P**raise and prayer)

- 하나님에 대한 복종(**O**bedience to God)
- 하나님의 증인(**W**itness His works)
- 끝까지 인내하기(**E**ndure to the end)
- 묵상과 기쁨(**R**eflect and rejoice)

1단계 찬양과 기도의 시간을 가지라

행복한 결혼생활을 위한 첫 번째 단계는 하나님을 찬양하고 기도하는 시간을 갖는 것이다. 성경은 수많은 찬양을 담고 있다. "너희 의인들아 여호와를 즐거워하라 찬송은 정직한 자의 마땅히 할 바로다"(시 33:1).

당신은 지속적으로 하나님을 찬양해야 한다. 찬양은 당신의 처지와 전혀 관계가 없고 오직 하나님의 선함과 관계가 있다. 하나님께서는 언제나 좋으신 분이다. 당신이 어떤 문제와 부딪치더라도 하나님께서는 선이심을 기억하라. 그러므로 우리는 항상 찬양해야 한다.

> "믿은 여자에게 복이 있도다 주께서 그에게 하신 말씀이 반드시 이루리라 마리아가 가로되 내 영혼이 주를 찬양하며 내 마음이 하나님 내 구주를 기뻐하였음은"(눅 1:45-47).

우리도 이와 마찬가지로 주님께 반응해야 한다. 성경은 주님을 믿는 자에게 주님께서 이루어 주시겠다고 말씀하신 약속들로 가득하다. 당신이 주님을 알고 그분을 믿는다면 구원의 기쁨으로 당신의 영혼이 그분을 찬양할 수 있어야 한다.

"내 영혼아 여호와를 송축하라 내 속에 있는 것들아 다 그 성호를 송축하라 내 영혼아 여호와를 송축하며 그 모든 은택을 잊지 말지어다"(시 103:1-2).

찬양의 목록을 만들라. 기록할 수 있는 모든 목록으로 주님을 찬양하라. 그 목록을 볼 때마다 찬양하라. 그리고 새로 기록할 것이 생각나는 즉시 주님을 찬양하라. 주님을 찬양해야 하는 이유는 우리 삶 가운데 매우 많다. 배우자와 아이들 그리고 가정을 주신 것을 찬양하라. 그 밖에 밝은 햇빛, 별, 풀과 부드러운 바람, 건강, 삶, 숨쉬는 그 자체도 찬양의 중요한 목록이다. 그리고 매일 당신이 주님을 찬양하는 이유를 적어라. 더불어 감사한 마음과 함께 주님의 선하심을 잊지 않게 응답해 주심을 찬양하라.

욥은 이런 고백을 했다.

"여인에게서 난 사람은 사는 날이 적고 괴로움이 가득하며"(욥 14:1).

이것이 우리에게 찬양의 목록이 필요한 이유이기도 하다. 우리 삶 가운데 얼마든지 시련과 시행착오들이 닥친다. 이때마다 우리는 그러한 환경에 넘어지는 것이 아니라, 결국 우리에게 선이 되실 하나님께 찬양을 올려드려야 한다. 무언가 문제가 생겼을 때 오히려 당신의 찬양 목록을 다시 보고 주님의 축복을 상기시켜 주는 기도를 드리라.

"주를 찬송함과 주를 존숭함이 종일토록 내 입에 가득하리이다"
(시 71:8).

또한 우리가 기억할 것은 우리 입에는 찬양만이 가득해야 한다는 사실이다. 한 입으로 찬양과 저주가 동시에 나와서는 안 된다. 찬양의 영은 우리로 하여금 주님께 집중하도록 도와주고 불평과 투정을 피할 수 있도록 해준다. 구원의 은혜를 받았으나 끊임없이 불평했던 이스라엘 백성을 기억하는가? 혹시 우리 역시 그들과 같지는 않은지 늘 우리의 모습을 돌아보아야겠다.

많은 일들이 우리 마음처럼 되지 않는 상황을 내려놓고, 우리를 사랑하사 예수님을 보내주신 것과 우리 삶 속에 이루신 일들로 하나님께 감사하자.

"감사함으로 그 문에 들어가며 찬송함으로 그 궁정에 들어가서 그에게 감사하며 그 이름을 송축할지어다"(시 100:4).

감사하는 마음은 내 맘대로 이루어지지 않는 일과 바꿨으면 하는 모든 일에 대한 염려와 불만을 멈추게 한다. 하나님께서는 우리 삶의 한순간도 놓치지 않으신다. 우리가 전혀 생각하지 못할 때와 우리의 생각이 전혀 닿지 않는 부분에서도 하나님의 방법과 생각이 훨씬 높고 위대하다.

"하늘이 땅보다 높음같이 내 길은 너희 길보다 높으며 내 생각은 너희 생각보다 높으니라"(사 55:9).

그렇다. 우리가 모든 일을 이해할 필요는 없다. 우리가 할 일은 믿음을 갖는 것뿐이다. 우리가 추구해야 할 것은 가능한 한 직접적으로 주님을 아는 것이고, 주님을 더 많이 닮아가는 것이다.

"내 영혼아 네가 어찌하여 낙망하며 어찌하여 내 속에서 불안하여 하는
고 너는 하나님을 바라라 그 얼굴의 도우심을 인하여 내가 오히려 찬송하리
로다"(시 42:5).

다윗처럼 자신을 격려하자. 하나님께서 당신의 희망이고 도움이심
을 기억하라. 하나님께서 선한 일을 행하실 것을 기대하라. 하나님께
서 당신이 기뻐할 최고의 것을 계획하고 계심을 알자. 최고가 아닌 것
은 하나님께서 원하시는 것이 아니다. 이 진리 하나만으로도 당신은
하나님을 찬양해야 할 것이다.

다음으로 기도 목록을 만들라. 그 목록에는 당신과 관계된 일 그
이상이 담겨 있어야 한다. 우리는 우리 주변의 모든 이들을 위해 기도
해야 한다. 특히 우리를 악의적으로 이용하는 사람들을 위해서도 기
도해야 한다.

"나는 너희에게 이르노니 너희 원수를 사랑하며 너희를 핍박하는 자를
위하여 기도하라"(마 5:44).

결혼 2년째 되던 해, 나는 나 이외의 다른 사람들을 위해 열심히 기
도했다. 결혼생활에서 문제나 다툼이 일어날 때면 남편 또한 힘들어
한다는 것을 깨닫고 그를 위해 기도했다. 남편이 직장에서 부딪쳐야
하는 사람들을 위해, 또 그의 직장생활을 위해 기도했다. 그가 퇴근해
서 집에 들어올 때 현관에서 어떤 태도를 취할지를 위해서도 기도했
다. 우리의 대화를 위해 기도하고, 그의 견해나 관심사를 이해할 수
있도록 기도했다.

이와 마찬가지로 당신도 배우자와 그의 상황을 위해 기도하기를

원할 것이다. 자신만을 위해, 즉 자신이 처한 상황이 변하기만을 위해 기도하지 말라. 하나님께서 남편을 변화시키실 것이고, 그러면 자연스럽게 당신에게도 변화가 일어날 것이다. 그러나 그 변화가 일어날 때까지 얼마의 시간이 걸릴지는 잘 모른다. 따라서 당신이 지금 할 일은 기도나 찬양 속에 그분의 의지대로 역사하시도록 하나님을 초대하는 일이다. 하나님께서도 당신을 통해, 그리고 당신 속에서 역사하시기를 원하고 계신다. 그러므로 찬양과 기도의 목록을 만들어 계속 하나님을 찬양하고 기도하라.

2단계 하나님께 복종하라

행복한 결혼생활을 위한 두 번째 단계는 바로 하나님께 복종하는 것이다.

"바로가 가로되 여호와가 누구관대 내가 그 말을 듣고 이스라엘을 보내 겠느냐 나는 여호와를 알지 못하니 이스라엘도 보내지 아니하리라"(출 5:2).

하나님이 누구신지 알고 있다면 그분이 말씀하신 바를 행해야 한다. 당신은 바로 왕같이 교만과 불순종으로 죄를 짓고 싶지 않을 것이다. 또한 하나님의 목소리를 순종하지 않음으로 고통받기를 원치 않을 것이다. 그렇다면 당신은 하나님께 경배하고 순종해야 한다.

"오직 내가 이것으로 그들에게 명하여 이르기를 너희는 내 목소리를 들으라 그리하면 나는 너희 하나님이 되겠고 너희는 내 백성이 되리라 너희는 나의 명한 모든 길로 행하라 그리하면 복을 받으리라 하셨으나"(렘 7:23).

우리는 인생이나 결혼생활이 잘 풀리기를 원한다. 하나님의 바람
은 우리의 자유를 제한하거나 재미를 빼앗아 가시는 것이 아니다. 하
나님께서는 우리가 최고의 삶을 살기 원하신다. 단 하나님께서는 순
종하는 자에게 축복을 주신다.

"아내들이여 자기 남편에게 복종하기를 주께 하듯하라"(엡 5:22).

성경은 우리에게 주님께 하듯 남편에게 복종하라고 말씀하고 있
다. 부부 관계에서 불평등한 멍에를 진 많은 아내들은 복종이란 문제
때문에 힘든 시간을 겪는다. 그러나 하나님께서 명령하신 복종의 형
태는 선한 것이다. 그것은 우리를 보호하며 우리에게 피난처를 제공
한다.

또한 성경은

"사람보다 하나님을 순종하는 것이 마땅하니라"(행 5:29)

고 말씀하고 있다. 분명한 것은 남편에게 복종하는 것이 하나님께
불순종하는 것이 아니라는 점이다. "순종이 제사보다 낫고"(삼상
15:22). 순종은 언제나 제사보다 낫다. 하나님과 협상하려고 하지 말
라. 당신이 한 일이든 그렇지 않은 일이든 모든 일에 자신의 기준으로
대가를 요구하지 말라. 그냥 주님께 순종하면 된다.

"주의 말씀은 내 발에 등이요 내 길에 빛이니이다"(시 119:105).

우리가 마땅히 따라야 할 분은 바로 우리의 주님이신 예수 그리스

도시다. 주님께서는 우리를 위해 의로운 길을 예비하셨고, 우리는 그 길로 가야 한다. 우리가 성경을 배우고 말씀에 순종할 때 하나님께서 우리에게 주신 길을 이해할 수 있게 된다.

> "너는 내게 부르짖으라 내가 네게 응답하겠고 네가 알지 못하는 크고 비밀한 일을 네게 보이리라"(렘 33:3).

하나님의 말씀을 묵상하면서 우리는 조용히 하나님께 귀 기울여야 한다. 우리만 쉬지 않고 이야기하거나 항상 우리의 소원만 아뢰기 바쁘다면 주님의 목소리를 들을 수가 없다. 기도 시간에 우리 얼굴을 주님 앞에 숙이고 마음을 열고 주님께서 우리에게 말씀하시는 것을 들어야 한다. 기도의 한 부분은 이렇게 구하는 것이다. "주님, 제가 무엇을 해야 합니까? 어떻게 제게 응답하실 건가요?" 주님께 순종하기 위해서는 그분의 대답을 조용히 기다려야 한다.

3단계 하나님의 증인이 되라

행복한 결혼생활을 위한 세 번째 단계는 하나님께서 하시는 일의 증인이 되는 것이다.

> "너희는 여호와의 선하심을 맛보아 알지어다 그에게 피하는 자는 복이 있도다"(시 34:8).

우선 하나님을 바라봐야 한다. 하나님께서는 계속 말씀하신다. 보고 알라. 맛보고 알라. 그리고 내가 하는 일에 증인이 되라. 하나님께

서는 언제나 우리 안에서 새롭고 의로운 일을 행하신다. 우리는 너무
도 자신의 상황이나 감정에만 집중하기 때문에 하나님의 축복을 놓
치고 만다.

> **"온유한 자가 이를 보고 기뻐하나니 하나님을 찾는 너희들아 너희 마음
> 을 소생케 할지어다"**(시 69:32).

당신 주변에서 많은 기적들이 일어날 것이다. 당신의 삶 가운데 살
아 계시고 역사하시는 하나님의 능력의 증인이 되라. 하나님께서는
당신의 배우자가 아직 구원받지 못했기에 절대로 쉬지 않으신다. 하
나님께서는 절대로 당신의 상황을 못 본 체하지 않으실 것이다. 그러
므로 증인이 되어 그분이 하시는 일을 보라.

> **"여호와께서 가라사대 너희는 열국을 보고 또 보고 놀라고 또 놀랄지어
> 다 너희 생전에 내가 한 일을 행할 것이라 혹이 너희에게 고할지라도 너희
> 가 믿지 아니하리라"**(합 1:5).

내가 좋아하는 성경 가운데 하나가 하박국이다. 하박국은 하나님
을 잘 알고 있던 선지자였다. 그러나 첫 번째 장면에서 하박국은 불공
정해 보이는 일들로 하나님을 불평하고 의심했다. 즉 그의 '마음'이
떠난 것이다. "하나님, 어디에 계십니까? 무엇을 하고 계십니까? 왜
위에 계신 겁니까? 왜 이것을 놔 두십니까? 나에게 무슨 일이 일어나
고 있는지 보이지 않으십니까?' 그러자 하나님께서 응답하셨다. "보
고 깨달으라. 내가 큰 일을 행하리라."

우리들은 하나님께서 하시는 일들을 듣지만 믿지 못하는 때가 많

다. 실제로 불평등한 결혼의 멍에를 진 수많은 여자들을 격려하고 가르치고 상담하면서도 나 자신도 믿지 못했다는 것을 깨달았다. 내가 처음으로 목사님에게 상담하려고 갔을 때다. 목사님은 "사브리나, 때가 되면 당신은 당신과 같은 처지에 있는 여성들을 위해 사역하게 될 거예요"라고 말씀하셨다.

나는 도대체 누가 나와 같은 처지에 있는지 상상도 할 수 없었다. 그 일은 거의 가망이 없어 보였다. 나는 여전히 '죽음이 우리를 갈라놓을 때까지'라는 맹세와 결혼에 매달려 있었다. 그리고 내가 고난을 극복하리라고 믿지 않았다. 더욱더 믿기 어려웠던 것은 앞으로 좋은 일이 일어나리란 말이었다. 말씀은 들었으나 믿지는 못했던 것이다.

"그러나 너희 눈은 봄으로 너희 귀는 들음으로 복이 있도다"(마 13:16).

당신의 가정에 있는 하나님의 영광과 의로움을 바라봐야 한다. 나는 내 혀를 통제하게 되면 언젠가 기적이 올 것이라고 생각했다. 내가 말할 수 있었고, 또 말하기를 원했으며, 생각하고 있는 바를 말하지 않은 것이 바로 주님의 은총이었다. 그것이 바로 기적이다. 남편이 나를 버리지 않은 것도 기적이다. 내가 남편 곁에 있었다는 것은 쉽게 납득이 간다. 그러나 남편도 역시 내 옆에 있었던 것이다. 때로는 같이 지내기 어려운 사람이 내 옆에 있었던 것이다. 내가 이 모든 문제에 대한 염려를 멈춘 것도 기적이다.

"오직 나는 여호와를 우러러보며 나를 구원하시는 하나님을 바라보나니 나의 하나님이 나를 들으시리로다"(미 7:7).

하나님께서 보여 주실 일을 기대하라. 그분의 존재를 바라보고 그분께서 행하실 능력을 기다리라. 그분을 놓치지 마라. 하나님께 집중하고 그분의 증인이 되라.

4단계 끝까지 인내하라

행복한 결혼생활을 위한 네 번째 단계는 끝까지 참는 것이다.

"이러한즉 이제 둘이 아니요 한 몸이니 그러므로 하나님이 짝지어 주신 것을 사람이 나누지 못할지니라 하시니"(마 19:6).

결혼의 끝은 죽음이 당신을 갈라놓을 때다. 그러나 요즘 너무도 많은 부부들이 그 이전에 이혼으로 끝난다. 점점 부부들이 쉽게 헤어지고, 결혼생활의 끝을 낸다. 그러나 그것은 불행이다. 하나님의 계획이 아니기 때문이다. 성경은 하나님께서 결혼을 이루셨으니 누구도 나누지 못한다고 말씀하고 있다.

그리스도인이라면 이혼을 매우 신중하게 생각해야 한다. 이혼이 우리의 최선의 선택이 될 수는 없다. 불가피한 경우가 아닌데도 결혼생활 가운데 이혼을 생각하게 되면 항상 문제가 생긴다. "여기서 나가야겠어. 더 이상 참을 수 없어"라며 우리는 분쟁과 낙담, 고통과 화를 불러들인다.

나는 결혼제도를 신뢰하며 결혼이 하나님 앞에서 거룩하게 계획되었음을 믿는다. 나는 결혼이 영원하다고 생각했다. 마음속으로 죽을 때까지 결혼생활을 지속하리라고 마음먹었다. 그래서 결혼생활에 처음으로 문제가 생겼을 때 다행히 이혼을 떠올리지 않았다. 가정에서 일어나는 일이 마음에 들지 않아도 우리가 잘 해결해 가리라고 생각했다. 예수님과 함께 동행하는 삶과 성경공부를 통해 하나님께서는 나에게 희망을 주셨다. 나는 남편과 내가 언젠가 함께 기쁨을 누릴 것이라는 확신을 갖게 되었다. 비록 내가 그것을 알지 못한다 해도 성경은 반드시 일어날 것이라고 말씀하고 있다.

"저녁에는 울음이 기숙할지라도 아침에는 기쁨이 오리로다"(시 30:5).

그렇기 때문에 나는 항상 하나님께서 보여주시고 행하실 것을 기대하고 있다. 그분께서 무엇을 하실지도 모르고, 어떻게 이루실지도 모르며, 또한 어떻게 변화시키실지도 모른다. 그러나 내가 아는 것은 그분은 하나님이시고, 능히 모든 일을 하실 수 있는 분이며, 그분도 그렇게 되기를 바라신다는 것이다.

"우리가 선을 행하되 낙심하지 말지니 피곤하지 아니하면 때가 이르매 거두리라"(갈 6:9).

그러므로 그리스도인은 인내해야 한다. 모든 일이 잘못되어 간다는 이유로 포기해서는 안 된다. 쉽게 포기하는 것은 우리의 좁은 시각 때문이다. 하나님의 더 큰 그림을 보지 못하기 때문이다. 우리는 끝까지 인내하기로 마음먹어야 한다. 갈라디아서의 이 말씀은 나에게 큰 도움이 되었다. 나는 어떤 지점에서도 포기하고 싶지 않았다. 이런 마음은 대담한 결심을 갖고 기도하게 만들었다.

"주님, 어떤 일이 닥쳐도 견디겠습니다. 주님의 말씀을 붙잡고 더 가까이 가며 이 특별한 상황에서 주님께서 제게 원하시는 것이 무엇인지 알기 원합니다." 나는 끝까지 인내하기로 결심했다. 앞으로도 절대 포기하지 않을 것이다.

"여짜오되 그러하면 어찌하여 모세는 이혼 증서를 주어서 내어 버리라 명하였나이까 예수께서 가라사대 모세가 너희 마음의 완악함을 인하여 아내 내어 버림을 허락하였거니와 본래는 그렇지 아니하니라"(마 19:7-8).

예수님께서는 이혼을 허락한 것이 사람들의 완악함 때문이지 하나님의 뜻은 아니라고 설명하셨다. 성경을 보면 이혼을 허락받은 사람들이 있다. 사람들은 이 구절을 지적하며 "간통의 경우에는 어떻게 합니까? 아니면 이런 혹은 저런 경우에는요?"이라고 말하고 싶어한다.

그러나 우리는 예수님께서 십자가에 달리시는 동안에도 기도하신 것을 기억해야 한다.

"아버지여 저희를 사하여 주옵소서 자기의 하는 일을 알지 못함이니이다"(눅 23:34).

용서를 한다는 것은 결코 쉬운 일이 아니다. 간통을 한 배우자를 용서하는 경우에는 더욱 그렇다. 당신은 배우자와의 관계와 둘 사이의 신뢰를 재정립해야 한다. 그러고 나면 반드시 다시 세움의 과정이 필요하다. 이 모든 것은 하나님의 도움으로 가능하다.

"사랑은 오래 참고 사랑은 온유하며 … 모든 것을 참으며 모든 것을 믿으며 모든 것을 바라며 모든 것을 견디느니라"(고전 13:4, 7).

우리는 우리가 어디서 왔는지 기억해야 한다. 우리가 아직 죄인 되었을 때에 우리는 하나님께 사랑을 받아 구원을 받았다. 그러므로 우리 역시 배우자가 나쁜 일을 행하고 죄를 범해도 사랑할 수 있도록 하나님의 도움을 구해야 한다. 또한 절대로 실패하지 않는 사랑을 주실 것을 기도해야 한다. 하나님의 사랑은 배우자의 어떤 허물도 용서하신다.

"네가 그리스도 예수의 좋은 군사로 나와 함께 고난을 받을지니 군사로 다니는 자는 자기 생활에 얽매이는 자가 하나도 없나니 이는 군사로 모집한 자를 기쁘게 하려 함이라"(딤후 2:3-4).

우리가 걷는 신앙인의 길은 무장한 군사와 같다. 성경은 끈기 있게 힘든 시간을 견뎌내고 고난을 극복하는 군인에 대해 말씀하고 있다. 당신이 무장했다면 싸워야 한다. 당신은 소풍을 온 것이 아니다. 전신 갑주를 입고 전투 준비를 해야 한다. 그리고 필요하다면 기꺼이 몇 사람도 함께 데려가야 한다. 훌륭한 군사로서 인내도 해야 한다. 배우자의 죄를 용서하고 인내할 준비를 갖추어야 한다.

당신이 상담했다거나 혹은 성경 몇 구절을 읽었다고 일이 가벼워질 것이라고 기대하지 말라. 전투에는 적이 있게 마련이고, 그것은 바로 배우자가 아니라 사단이다. 그 적은 자신의 계획이 더 이상 효력을 발휘하지 않으면 공격을 강화한다. 사단은 또한 여러 각도에서 다가온다. 사단은 같은 일을 계속 반복하여 당신의 마음을 두드린다. 그리고 당신이 그것을 잘 해결하면 다시 무언가 더 어려운 일을 시작한다. 사단은 다른 길로 계속해서 찾아온다. 그러나 놀라지 말라. 일이 잘 되어간다고 느낄 때도 주님으로 인하여 기뻐하고 감사하라. 그러나 그 적은 다시 찾아온다는 사실을 잊지 말라. 사단은 포기하지 않는다. 사단은 종말이 될 때까지 당신을 괴롭힐 것이다. 그러니 당신은 선한 싸움을 지속적으로 해야 한다.

"네가 물 가운데로 지날 때에 내가 함께할 것이라 강을 건널 때에 물이 너를 침몰치 못할 것이며 네가 불 가운데로 행할 때에 타지도 아니할 것이요 불꽃이 너를 사르지도 못하리니"(사 43:2).

당신은 혼자가 아니라는 것을 명심하라. 당신이 하나님을 기쁘시게 하고 끝까지 견디겠다고 약속하면, 그 무엇이 온다 해도 당신이 불과 물 사이를 건널 때에도 하나님께서 함께하신다고 말씀하셨다. 하나님께서는 바로 당신이 있는 그곳에 함께하신다.

"인내로써 우리 앞에 당한 경주를 경주하며 믿음의 주요 또 온전케 하시는 이인 예수를 바라보자"(히 12:1-2).

쉬운 길을 택하지 말고 끝까지 견뎌라. 하나님께서 당신을 위해 경주와 규칙을 마련하셨으니 경주가 끝나기 전에 코스를 벗어나지 말라. 끝까지 머물며 어떤 일이 펼쳐질지 조극적으로 기다리라. 하나님께서 우리에게 말씀과 힘을 주셨다. 하나님을 믿고 끝까지 견뎌라.

"이 묵시는 정한 때가 있나니 그 종말이 속히 이르겠고 결코 거짓되지 아니하리라 비록 더딜지라도 기다리라 지체되지 않고 정녕 응하리라"(합 2:3).

하박국은 묵시가 지연되었음에도 기다리라고 말하고 있다. 왜냐하면 예정된 시간이 반드시 오기 때문이다. 당신의 배우자가 구원받도록 예정된 시간이 있고, 당신의 결혼생활이 성장하고 풍요로워질 시간이 예정되었음을 믿으라. 그리고 예정된 시간에 하나님의 선에 대한 약속을 받게 될 것을 믿으라. 예정된 시간이 있으니 하나님의 때를 기다리라.

5단계 하나님을 묵상하고 기뻐하라

행복한 결혼생활을 위한 다섯 번째 단계는 묵상하고 기뻐하는 것이다.

"여호와 나의 하나님이여 주의 행하신 기적이 많고 우리를 향하신 주의 생각도 많도소이다 내가 들어 말하고자 하나 주의 앞에 베풀 수도 없고 그 수를 셀 수도 없나이다"(시 40:5).

하나님께서는 놀라운 일들을 행하신다. 하나님께서는 직접 일을 계획하시고, 그 일 또한 그분께 달려 있다. 그리고 당신을 그 일의 도구로 사용하기 원하신다. 그것은 매우 두려운 사실이다. 그러나 그 일에 순종함으로 기뻐하라. 또한 하나님께서 당신에게 행하신 모든 선한 일들을 기억하라. 하나님의 선을 기억하는 것만으로도 기쁨이 온다.

성경은 이스라엘 백성들에게 끊임없이 하나님의 선과 그의 신실함을 기억할 것을 말씀한다(출 13:3, 20:8, 32:13, 민 15:39-40, 신 5:15, 8:2, 18, 9:7, 15:15, 16:3, 24:18). 우리는 계속 반복하여 잊지 않도록 모세의 훈계를 읽는다(신 4:23, 6:12, 8:11, 14, 19, 9:7, 25:19). 하나님의 선을 잊지 말라. 하나님의 구원을 잊지 말라. 그리고 하나님께서 주신 구출을 잊지 말라.

이스라엘 백성처럼 우리는 결혼생활과 현재 상황에서 베푸신 하나님의 선을 기억하라. 하나님께서 나타내실 때에 대해 생각하라. 하나님께서는 여전히 오늘도 하늘의 만나를 공급하고 계신다. 하나님께서는 여전히 가망 없어 보이는 상황에서 홍해를 가르고 계신다. 당신에게 홍해를 가르는 체험은 무엇인가? 언제 하나님께서 당신을 위한 길을 만드셨는가? 언제 하나님께서 초자연적인 하늘의 만나를 내려 주셨는가? 그 유월절을 기억하는가? 하나님께서 당신의 집을 뛰어넘어 축복하셨던 때는 언제인가? 이런 생각을 하면 점점 기뻐질 것이다. 그것이 바로 당신이 기억하고 싶은 일들이기 때문이다.

나쁜 시절은 잊어버리되, 하나님께서 그 시절을 통해 가르쳐 주신 것을 기억하라. 당신이 어려움 속에 있다면 하나님께서 이를 통해 뭔가를 일깨워 주실 것이다. 그 속에서 깨달은 것도 기억해야 할 것들이다. 당신이 힘든 시간을 극복하고 이겨내었다면 스스로에게 물어보라. 하나님께서 무엇을 가르쳐 주시려고 하시는가? 하나님께서 내 인생에서 세우고자 하시는 것이 무엇인가? 그분이 준비하고 계시는 성령의 열매는 무엇인가?

"우리가 알거니와 하나님을 사랑하는 자 곧 그 뜻대로 부르심을 입은 자들에게는 모든 것이 합력하여 선을 이루느니라"(롬 8:28).

때때로 우리는 매우 나쁜 상황을 본다. 그러나 우리가 말씀을 깊이 묵상하면 하나님께서 우리의 선을 위해 그 모든 것을 사용하고 역사하신다는 것을 알게 된다.

나는 종종 "우리가 이것을 어떻게 해야 하나요?"라는 질문을 받는다. 모든 상황은 그 사람의 선을 위해 사용되기 때문에 하나님께서 그것을 허락하시는 것이다. 내가 서 있는 이 시점도 하나님의 역사 가운데 있다. 그분께서 나를 위해 무엇을 준비해 주실 수도 있고, 혹은 나를 준비시키실 수도 있다.

"우리 주는 광대하시며 능력이 많으시며 그 지혜가 무궁하시도다"(시 147:5).

하나님께서는 확실히 우리의 모든 것을 알고 계신다. 그분은 우리 인생들을 위해 계획을 갖고 계시고 우리 가운데서 경이적인 일을 행하신다. 하나님의 말씀을 믿고 그분의 지시에 순종할 때, 그분께서 우리의 결혼생활을 행복하게 해주실 것이다. 우리가 하나님의 계획 안에서 우리 역할을 감당하면, 그분은 우리를 믿음으로 전진하게 하시고 더욱 강하게 하시며 영광스럽게 하실 것이다.

우리 모두 이렇게 기도하자.

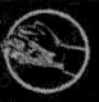

"사랑하는 주님, 주님의 말씀이 좋은 땅에 뿌려져서 이 책이 우리 삶에 도움이 되게 하심을 감사합니다. 주님, 주님께서 계속 우리를 변화시키시고 준비시키시고 강하게 하시기를 기도합니다. 행복한 결혼생활을 하도록 도와주시고 모든 상황에서 하나님의 뜻을 이루며 인내하게 하옵소서. 예수님의 이름으로 기도합니다 아멘."

상담 후 해결책을 찾으라

5 상담 후 해결책을 찾으라

우리는 교회가 상처 입은 자들의 피난처라고 생각한다. 그러나 그들을 도와주는 대신 오히려 상처 입은 자들에게 더 큰 아픔을 주기도 한다. 성경은 우리가 받은 위로로 다른 이들을 위로하라고 말씀하고 있다.

> "찬송하리로다 그는 우리 주 예수 그리스도의 하나님이시요 자비의 아버지시요 모든 위로의 하나님이시며 우리의 모든 환난 중에서 우리를 위로하사 우리로 하여금 하나님께 받는 위로로써 모든 환난 중에 있는 자들을 능히 위로하게 하시는 이시로다"(고후 1:3-4).

그러므로 우리는 부부 사이에 불평등하게 진 멍에 때문에 상처 입고 희망과 도움과 치료를 필요로 하는 사람들을 보호하고 격려해야 한다. 당신이 불평등한 멍에를 지고 있다면 당신에게 어떤 사역이 필요한지 도움을 줄 수 있는 이를 찾아가야 한다. 당신에게는 지지와 기도 그리고 동료애가 필요하다. 교회에서 공동체 의식, 소속감을 활성화, 개개인의 성도들에게 도움을 주는 것 등은 대단한 사역이다.

14년 전 교회는 나에게 진정한 위로의 장소였다. 나는 하나님의 일에 열심인 사람들과 함께하는 것이 기뻤다. 내 가정에는 없는 열심이 그곳에 있었기 때문이다. 나는 교회가 나를 가장 사랑할 것이라고 생각했고, 그런 교회로 언제나 달려갔다. 그러나 곧 교회가 안전한 천국은 아니라는 것을 알게 되었다. 나는 점점 소원함과 소외감을 가졌다. 나처럼 불평등한 멍에를 지고 결혼생활을 하는 사람들에게는 교회가 특별히 신경 쓰지 않는 것 같았다.

교회에는 많은 소그룹들이 있다. 그러나 불평등한 멍에를 진 사람들을 위한 자리는 없었다. 내가 교회에 혼자 갔기 때문에 사람들은 나를 독신이라고 생각했다. 나를 초대한 사람들은 독신자 모임에 소속된 사람들이었다. 이 모임의 목표는 앞으로의 결혼을 위한 만남을 제공하는 것이었다. 독신자들의 행사에 참석했으므로 사람들은 나를 결혼 가능성 있는 사람이라고 생각했을 것이다. 하지만 사실은 그렇지 않았기에 독신자 행사에서조차 겉도는 느낌이었다.

커플 모임에서 활동 계획을 잡자 나는 정말로 흥분되었다. 그러나 곧 내 남편은 오지 않을 거라는 생각이 떠올랐다. 다들 행복해 보이는 사람들 중에 혼자 참석하는 것은 난처한 일이었다. 그러자 더욱 고립된 느낌이 들었다. 나는 무엇을 해야 한단 말인가? 어디로 가야 한단 말인가? 당신은 내가 커플들과 잘 어울림으로 고립감을 벗어날 수 있었을 거라고 생각할지도 모른다. 그러나 그것은 그렇지 않았다.

가장 중요한 일, 하나님을 기쁘시게 하는 것

1995년 영적으로 평등한 멍에를 지는 것이 부부간에 만족감과 안정감에 어떤 영향을 주는지 조사하는 연구를 진행했다. 연구 결과를 보면 여성들이 신앙생활 면에서 높은 점수를 얻었다. 즉 훨씬 자주 교회에 참석했고, 더 집중적으로 성경을 읽었으며, 더 자주 기도했고, 또 총체적으로 높은 영적 토대를 갖고 있었다. 여성들이 영성에서 높은 점수를 받았지만 안정된 결혼생활에 가장 영향을 주는 것은 배우자들의 영적 고백이었다.

남편과 영적으로 불평등한 멍에를 진 많은 여성들처럼 나도 우선 주님과 관계를 정립해 나가는 일에 더 많은 관심을 가졌다. 남편은 그런 나를 곁에서 지켜보며 결점을 찾으려고 애썼다. 그런 시간은 오랫동안 지속되었으나 내가 해야 할 가장 중요한 일은 하나님을 기쁘시게 하는 것이라는 사실을 깨달았다.

나는 남편과 같이 있을 때와 교회에 갈 때만 완벽한 아내로 최선을 다했다. 그러다 보니 내면적으로 성장하지도 못했고, 나를 잘 아는 하나님과 남편은 나의 부족한 부분을 알고 있다는 생각에 스스로 강박관념에 사로잡혔다. 나는 누구보다 위선적이었다. 내가 기쁘시게 해야 할 분은 하나님인데도 말이다.

하나님을 기쁘시게 하려는 마음이 있었다면 내가 그토록 갈망하던 평화로 결혼생활을 이끌었을 것이다. 또한 남편도 언젠가는 하나님과 함께 자신만의 평화를 만들려고 했을 것이다. 그의 성장은 그와 하나님 사이에서 일어난 것이지 나와의 사이에서 일어난 것이 아니었다.

내 경우를 통해 알게 된 것은 비록 많은 사람들이 주님 안에서 말씀을 읽거나 교회에 출석함으로써 성장하고 있지만, 배우자가 하나님 안에서 성장하는 것이 매우 중요하다는 점이다. 이것이 결혼생활에서 아내들을 행복하게 만드는 방법이기도 하다. 남편이 하나님의 일에 관심을 나타내기 시작하자 난 황홀할 정도로 기뻤다. 동시에 남편을 기쁘게 하는 일에서 하나님을 기쁘시게 하는 일로 초점을 옮기는 일이 매우 중요함을 깨달았다. 내가 주님을 기쁘시게 하는데 초점을 두자 자연스럽게 남편에게 유익을 끼치고 결혼생활은 매우 행복해졌다.

지혜로운 믿음 생활을 돕기 위한 몇 가지 전략

결혼이 주는 혼란들을 극복하려면 결혼 상담을 진지하게 고려해야 한다. 당신이 상담을 받으러 가면 많은 상담가들은 기초적인 데이터와 정보를 모아 첫 번째 평가를 할 것이다. 이 절차를 생물학적 사회 심리 평가라고 부른다. 여기에는 생물학, 심리학, 사회학의 세 가지 분야가 있다.

이 평가에는 매우 중요한 영적인 평가 요소들이 포함되어 있다. 영성은 어떠한지, 어둠 속에 있거나 절망할 때의 믿음, 힘, 능력의 원천은 무엇인지, 언제 희망과 격려가 필요한지, 어느 지점에서 다시 돌아오는지, 직업이 무엇인지, 기도하는 사람인지, 영적인 교제를 나누고 있는지, 지지하는 그룹이 있는지 질문한다. 이 질문들의 답을 보고 도울 수 있는 성경적인 원칙을 응용한다면 치료 방법도 알 수 있다.

상담할 때면 나는 테이블 양쪽에 앉는다. 나는 상담하러 온 사람들에게 희망과 격려를 주기도 하지만, 스스로 상담이 필요한 사람이기도 하다. 사람들은 상담실 안으로 들어오지도 않고 "나는 불평등한 멍에를 메었습니다. 난 도움이 필요해요"라고 말한다. 내가 아무 말도 하지 않으면 "전 낙담했어요. 이유를 모르겠어요. 기분이 좋지 않아요. 일이 잘 안 되고 있어요. 잠도 못 잡니다. 먹지도 못하고요. 많이 울기도 했어요"라고 말한다. 그러나 영적인 불균형에 대해 이야기를 하면, 왜 그들이 문제를 겪고 있는지 더 확실히 알게 된다. 이들에게는 몇 가지 공통점과 기본적인 관심 사항이 있다. 사람들은 이 모든 것을 통해 영적인 성장을 이룰 수 있다.

조언자로서 또한 내 경험을 통해서 부부가 함께 하나님의 능력으로 지혜로운 믿음 생활을 해나가도록 돕기 위해서는 몇 가지 실질적인 전략이 있음을 알게 되었다. 가장 공통된 이슈로는 분노, 우울증, 질투, 외로움, 낮은 자존감, 굴복 등이 포함된다. 이 주제들에 대한 해결법을 함께 나눠 보자.

분노

사람들의 마음에 분노를 일으킬 수 있는 상황은 많다. 영적으로 불평등한 멍에를 진 아내들은 때때로 자신에게 화를 낸다. 분노를 경험하고 자신을 미워하는 것은 그들이 고통을 극복할 수 있다는 것을 믿지 않기 때문이다.

밀리는 교회 활동에 매우 적극적이었다. 행크는 그녀와 함께 시간을 보내고 활동을 같이 하는 모든 사람들을 질투했다. 어느 정도 시간이 지나자 사람들이 그녀를 부르는 일이 뜸해졌고 집에도 잘 찾아오지 않았다. 그녀는 더 이상 다양한 모임이나 계획을 자신의 집에서 진행할 수 없었다. 마침내 밀리는 사람들에게 왜 자신과 잘 만나지 않는지를 물어보았다. 그녀는 사람들의 대답을 듣고는 놀랐다. 행크가 그녀와 교제를 나누는 사람들마다 찾아가 방해를 했던 것이다. 사람들은 그녀를 일부러 피한 것이었다.

밀리가 상담을 받으러 온 것은 결혼한 지 2년 후였다. "제가 결혼 내내 갇혀 있었다는 것을 믿을 수 없어요." 그녀는 어떻게 행크를 사랑하게 되고 결혼하게 되었는지 이야기했다. 그는 좀 더 일찍 도움을 청했으면 좋았을 거라며 오로지 집에서 탈출해야겠다는 생각뿐이라고 말했다. 나도 밀리와 같은 느낌을 받은 적이 있었다. 그러나 감사하게도 하나님께서 견딜 수 있는 힘을 주셨다. 진정으로 남편을 사랑하지 않았다면 나도 뛰쳐나갔을지도 모른다. 게다가 우리가 처음부터 친구가 아니었다면 나는 결혼 2년 만에 포기했을 것이다.

그럼에도 나는 내 자신에게 화를 냈고, 때때로 교회 사람들에게도 화를 냈다. 사람들은 내가 결혼 한 것을 알고 있는 것 같았는데 아무도 나를 커플 모임에 초대하지 않았다. 아마도 그들은 남편이 교회에 출석하지 않아서 내가 커플 모임에 어울리지 않는다고 생각했을지도 모른다. 또 사람들은 내가 싱글 모임에는 적합하지 않다고 생각했던 것 같다.

이런 상황에서 나는 주일마다 상처를 입었고 절망 속에서 누군가 얘기할 사람을 원했다. 그러나 주일 아침마다 모두 내 곁을 바삐 지나치면서 "안녕, 어때요? 하는 일은 잘 되나요? 난 축복받았어요. 당신도 그렇나요?"라고 말했다. 다른 모든 사람들처럼 나도 웃으며 "오, 나는 하나님의 축복을 받았어요"라고 말했다.

그러나 나는 불행하게도 축복받았다는 느낌을 받을 수가 없었다. 그리스도인이라는 사실이 내 상황에 긍정적인 영향을 주지 못했다. 그러나 누구에게 그런 말을 털어놓을 것인가? 그리고 누가 나의 말을 인내심 있게 들어줄 것인가? 나는 혼자 화를 달래야 했다. 표면적인 동료애와 성도들 사이의 관계는 전혀 도움이 되지 않았다. 나는 혼자 고통을 당하고 있었다. 비록 혼자 교회를 나오지만 난 결혼한 사람이었고 싱글이 아니었다. 나는 교회 사람들이 나의 낙담을 알아채고 나를 구원하러 오길 기대했다. 그러나 기대했던 일은 일어나지 않았다. 그래서 나는 화가 났던 것이다.

나는 교회 리더십과 성경적인 가르침에 화가 났다. 나는 복종을 강요당하는 여자같이 느껴졌고, 리더십은 내가 그 상태에서 그것을 받아들이도록 요구하는 것 같았다. 이러한 상황에서 내가 무엇을 의지해야 한단 말인가? 물론 모든 말씀이 나를 위로한다는 것은 알고 있었지만, 그 순간에는 하나님의 말씀과 능력도 다 무시해 버렸다. 밑바닥까지 내려간 나는 교회 리더들과 성경말씀, 하나님께 화를 냈다.

나는 내가 당하는 불의와 부당한 모든 것에 화가 났다. 내가 생각하기에 나는 좋은 사람이었다. 나는 올바른 일을 해 왔고, 하나님을 따르는 사람이었다. "그건 정당하지 않아. 내가 그런 대접을 받을 순 없어."

우울증

영적인 균형이 안 맞는 결혼을 한 많은 여자들처럼 나도 답답한 상황으로 인해 낙담을 경험한 적이 있다. 기본적으로 내가 낙담한 이유는 하나님을 모르는 남자와 결혼했기 때문이었다. 애니타도 오랫동안 낙심했고, 그것은 삶의 방식이 되어 버렸다. 낙담한 여자들은 극단적으로 행동할 가능성이 있다. 몇몇 여자들은 외로움의 고통을 피하기 위해 잠을 자고, 어떤 이들은 끊임없이 일을 만들어 몰두함으로 스스로를 자극한다. 또 어떤 이들은 감정을 달래기 위해 끊임없이 먹어

댄다. 불안한 기분을 떨쳐내기 위해 냉장고로 달려가는 것이다.

마조리는 그녀가 우울하다는 것을 알고 나서는 두 달 동안 30파운 드나 살이 쪘다. 그녀는 슬픔과 외로움이 밀려올 때마다 큰 그릇 가 득 아이스크림을 먹었다. 어떤 때는 아이스크림 두 통에 조각 케이크 까지 먹어치웠다. 마조리의 차 뒷자석에는 사탕 포장지와 빈 패스트 푸드 봉투로 가득했다. 슬프고 외로운 감정을 느낄 때면 음식으로 그 느낌을 덮어 버리곤 했다. 마조리가 상담을 받으러 왔을 때 그녀는 체 중 감량의 도움을 요청했다. 하지만 실제로 그녀에게 필요했던 것은 하나님께서 그녀의 고통에 개입하시고 말씀으로 위로해 주시는 것이 었다.

반면에 라돈나는 음식을 입에 대지 않았다. 그녀는 3주 동안 살이 25파운드나 빠져 버렸다. 친구들은 몸무게를 줄인 것을 칭찬했다. 그 녀가 처음 10파운드를 뺐을 때는 정말 아름다웠다. 그러나 그녀가 계 속해서 무리하게 살을 빼자 사람들은 걱정하기 시작했다. 사람들은 물론 특히 남편이 매우 놀란 것은 라돈나가 주일 저녁 메뉴를 평상시 에도 계속 요리하면서부터였다. 매일 저녁마다 큰 그릇 가득한 채소, 옥수수 빵, 마카로니와 치즈, 고구마, 스테이크가 식탁에 올라왔다.

그녀 덕분에 가족은 잘 먹었지만, 라돈나는 매우 우울했고 전혀 식 욕이 없었다. 그녀는 깊은 생각 없이 그저 아내로서 어머니로서 또한 주부로서의 의무만을 다하고 있었다. 몇몇 여자들은 낙담했을 때 평 상시 즐기던 일들을 포함해 사소한 일이라도 해야 한다는 생각에 사 로잡힌다. 누군가가 이러한 표시나 증상을 2주 이상 보인다면 상담을 받아야만 한다. 아무리 평소에는 제 역할을 잘 해냈던 사람이라도 우 울증으로 고생하는 동안에는 도움을 받아야 한다.

질투

질투는 불평등한 결혼생활을 하고 있는 여자들의 공통된 점이다. 질투는 대개 문제를 인식하면서부터 시작된다. 즉 다른 행복한 커플들을 보게 되면서 시작된다. 다음을 생각해 보자. 주일 아침 교회에는 스미스 부부가 있다. 이들은 나란히 앉아 다정히 포옹하고 있다. 그리고 존스 부부는 손을 잡고 있다. 아버나디 부부는 미소를 지으며 서로의 눈을 내내 응시하고 있다. 그리고 당신은 한 귀퉁이에 내내 혼자 앉아 있다.

나는 스미스 부부가 문제를 갖고 있고, 존스 부부는 기본적으로 아버나디 부부를 따라하고 있다는 사실을 나중에야 알았다. 그들은 위선적이었다. 나는 한 커플이 다른 사람에게, 특히 나 같은 사람에게 행복하게 보이는 반면, 뭔가를 감추기 위해 자주 싸운다는 것을 알았다. 이러한 커플 중에는 교회를 오고 가는 중에도 싸우고 논쟁하는 사람들도 있다.

지금 나는 크리스천이 행복한 결혼생활을 하지 못한다는 점을 말하는 것이 아니다. 그들은 실제로 행복하다. 행복한 결혼생활을 하고 있는 사람들은 그들의 문제를 어떻게 풀어야 하는지 알고 있다. 그들은 하나님의 방식으로 문제를 풀기로 약속한 사람들이다. 이 약속이 불평등한 멍에를 진 결혼생활을 하고 있는 사람들에게는 부족한 부분이다.

나 역시 마찬가지였다. 나는 매우 쓸쓸하고 우울해서 스스로에게 화를 냈기 때문에 다른 관계에서는 지나치게 낭만주의자처럼 행동했다. 질투와 싸우면서 주위를 둘러보고 생각했다. '저 남자는 참 좋은 남편 같은데. 그는 항상 아이와 함께해. 항상 예배가 마치면 문에서 그녀를 태우기 위해 문을 열어주는 그를 보지. 대조적으로 그녀는 모든 걸 가졌고 난 아무것도 없어. 저들의 삶은 정말 좋아 보이는데 난 너무 초라해. 남편이 구원을 받는다면 우리도 남들처럼 행복한 결혼 생활을 할 수 있을 거야.'

외로움

불평등하게 멍에를 진 결혼에는 지독한 외로움이 있다. 결혼 이후 나는 친구를 많이 사귀지 않았다. 그다지 어울리고 싶은 마음이 들지 않았기 때문이다.

한번은 내가 하나님께 "나를 불쌍히 여기소서. 불쌍히 여기소서. 저는 정말 외롭습니다"라고 울부짖었고, 하나님께서는 그런 내게 "그러면 친구를 사귀어라"고 답하셨다. 나는 "친구를 주세요"라고 구했고, 하나님께서는 "교회에는 사람들이 많다. 그중 한 명을 선택해라"고 답하셨다. 결국 나는 "좋아. 내가 할 일이 있을 거야"라고 생각하기 시작했다.

나는 책임감을 느끼고 행동하기 시작했다. 여러분 중에는 나와 같은 사람도 많을 것이다. 집에 앉아 외로움 때문에 울고, 하나님께서 당신의 남편과 교회를 한 방 먹이시기를 기다리며 모든 상황이 변화되기를 기다리고 있지 않은가. 그러나 당신에게 필요한 것은 이러한 일들이 아니라 하나님께서 이미 행하고 계신 일에 적극적으로 개입하는 것이다. 바로 선을 위해 일하는 것이다.

내 경우를 보면 나는 내 초라한 상황을 다른 사람이 아는 것을 원치 않았다. 사람들과 거리를 두는 것이 더 편하고 쉬웠다. 나는 항상 미소를 띠고 다른 사람들과 깔깔대며 이야기했지만 항상 무언가에

쫓기듯이 분주했다. 사람들도 나를 바쁘게 지나쳐갔고, 나도 그렇게 그들을 지나쳐갔다. 누가 나를 세워 "사브리나, 당신의 남편은 어디 있어요?"라고 묻는 것이 싫었기 때문이다.

내 남편을 이방인이라고 설명하고 싶지 않았다. 남편은 거의 농담 식으로 말했다. "오, 난 대단한 크리스천 아내를 두었어요. 그리고 나는 그녀의 이방인 남편이구요." 나는 그럴 때마다 "여보, 제발 그렇게 말하지 말아요"라고 호소했다. 사람들이 전화하면 남편은 "여기는 이방인 본부입니다"라고 대답하곤 했다. 이제는 옛날 일을 돌이키며 웃을 수 있지만, 그때는 혼자 이렇게 생각하며 속상해했다. '당신은 이것이 재밌을지 몰라도 난 전혀 그렇지 않아요.'

하나님께서 교회 사람들과 관계를 발전시키라고 하셨을 때, 그들이 나의 내부 세계, 즉 가정생활 내부로 들어오는 것을 용납하는 일도 내겐 도전이었다. 그렇지만 나는 그렇게 했다. 몇 년 동안 나는 나와 처지가 같은 여자들을 만났다. 우리는 많은 지지를 필요로 했고, 각각 다양한 관점에서 도움을 구하고 있었다.

나는 몇몇 힘든 그룹에 속했다. 아비가일의 딸들, 기쁜 모임, 창조적인 짝, 사라의 자매들, 그리고 축복받은 자들 등이 그것이다. 그들은 내 필요를 실질적으로 도와주었다. 우리는 우리의 가정에서의 다툼을 통해 하나님께서 얼마나 우리를 축복하고 계신지에 대해 나누는 시간을 가졌다. 우리는 서로 격려했고, 성경에 따라 살도록 서로에게 도전을 주었다. 남편, 가정, 그리고 서로를 위해 기도했다. 우리가 초점을 옮기자 기도하는 아내의 능력과 그 열매를 보기 시작했다.

낮은 자존감

몇몇 여자들은 성경을 잘못 이해한 결과 낮은 자존감을 지녔다. 베드로전서 3장 1절을 보면 "아내 된 자들아 이와 같이 자기 남편에게 순복하라 이는 혹 도를 순종치 않는 자라도 말로 말미암지 않고 그 아내의 행위로 말미암아 구원을 얻게 하려 함이니"라고 써 있다.

다시 한번 말하면 이 부분은 "남편이 구원을 얻을 수도 있다"라는 뜻이다. 그런데 어떤 여자들은 그가 반드시 구원을 받을 것이라고 해석한다. 그래서 남편들이 구원을 받지 못하면 "난 실패했어. 내가 뭔가 잘못하고 있는 거야. 그가 주님을 알게 하려면 내가 해야 할 일이 또 뭐가 있지?"라고 생각한다.

내가 믿음 생활한 지 6년이 되었을 때 누군가 남편의 구원에 대해 물은 적이 있다. 남편이 아직 구원받지 못했다고 대답하면서 내가 받은 인상은 그것이 내 잘못 같다는 것이었다. 혹시 내가 더 순종적인 아내였다면 남편은 지금쯤 구원을 받았을 것이라고 말이다.

영적으로 불평등한 멍에를 진 여자들은 배우자로부터 비웃음과 비난을 많이 받는다. "그래, 당신은 교회에 열심히 다니고 성경도 읽어. 그래서 뭐가 다르지? 당신의 삶은 나와 전혀 다르지 않아."

이러한 결혼생활을 하는 아내들은 하나님을 바라보아야 한다. 그리고 다음과 같이 말할 수 있어야 한다. "하나님께서 나의 증인이 되셔. 비록 아주 조금씩일 수도 있지만 나는 성장하고 있고 변하고 있어. 내 남편의 눈을 열어 그것을 보게 하실 분은 하나님이셔. 내가 하는 것이 반드시 특별한 일일 필요는 없어. 자, 나를 봐. 나는 그리스도인이야. 언젠가 그는 내 달라진 삶을 보게 될 거야. 나는 살아 있는 편지(고후 3:3)가 될 거니까."

우리는 고통을 멈출 수 있고 성공적인 결혼으로 주님께 영광 돌릴 수 있다. 탄식들을 멈추고, 더 가까이서 하나님께서 택하신 백성에게 '귀하고 영예로운 자'라고 하시는 말씀을 들을 수 있다.

복종

상담을 하면 복종을 강요받는 아내들을 보게 된다. 여자들이 선택의 여지가 없기에 남편에게 복종해야 한다는 것은 전혀 바람직하지 않은 비성경적인 상황이다. 사실 이러한 상황은 영적인 것을 남용한다고 생각할 수 있다. 결혼에서 영적인 면을 남용한다는 것은 통탄할 만한 일이다. 그러나 이것은 실제로 존재한다. 특히 불평등한 멍에를 진 결혼에서 찾아볼 수 있다.

복종에 대해 가르치는 데는 많은 혼란이 있다. 당신은 책을 읽고 예배에 참석하며 복종에 대한 강의를 들으러 갈 수 있다. 하지만 아직 기꺼이 복종하지는 못하고 있다. 복종은 마음의 태도다. 그것은 당신이 하나님의 말씀은 다 행하겠다고 고백하는 상황도 아니고, 무슨 일인가를 끊임없이 해야 하는 것도 아니다. 성경에서 말하는 복종은 존엄과 존경의 정신을 포함한다.

성경은 이렇게 말하고 있다.

"아내들이여 자기 남편에게 복종하기를 주께 하듯 하라"(엡 5:22).

또한 골로새서 3장 18절에는

"아내들아 남편에게 복종하라 이는 주 안에서 마땅하니라"

고 말씀하고 있다.

여자들은 종종 "혹시 남편이 나에게 비신앙적인 일을 하라고 하면 어쩌죠?"라고 묻는다. 하나님께서는 당신에게 좋은 마음을 주셨다. 불법적이거나 비도덕적이거나 혹은 부정한 일은 어떤 것도 하지 말라. 성경에 위배되는 일도 하지 말라. 그러나 남편이 당신에게 하라고, 혹은 하지 말라고 하는 일이 성경에 위반되지 않는다면 주님께 하듯 그것을 순종하라.

내가 겪은 대부분의 걱정은 불필요한 염려였다. 내가 깨달은 것 중의 하나는 마음을 열고 정직해야 한다는 것이다. 그렇게 마음먹고 나니 그가 어떤 사실을 알고 난 후 벌어질 일에 대해 걱정하지 않아도 되었다. 시간이 꽤 걸렸지만 난 비밀을 더 이상 갖지 않았다. 내가 무엇을 계획하고 있는지 남편에게 말했다. 그가 "안 된다"고 말하면 그것을 대답으로 받아들였다. 주의할 것은 이렇게 되기까지 상당한 시간을 요한다는 점이다.

나는 최소한 3-4년 동안 아프리카에 가고 싶었다. 매년 선교여행을 위해 기금을 모집할 때가 되면 남편에게 말했다. "아프리카 선교사업을 위한 좋은 기회가 오고 있어요. 난 자금 지원을 할 수 있는데, 당신은 어떻게 생각해요?" 그러면 남편이 "왜 아프리카에 가고 싶어하지? 당신이 구원하려는 사람들이 여기도 많은데"라고 말했다. 나는 선교에 대한 성경적인 개념과 아프리카에서 무엇을 하려고 하는지도 설명하려 애썼다. 하지만 그의 생각에는 변화가 없었다.

처음에 나는 이렇게 생각했다. '남편에게 말해선 안돼. 계획을 다 짜고 난 후 말해야겠어.' 나는 "지금 가야 돼요. 벌써 기금을 다 냈거든요" 하고 말할 수 있을 때 남편에게 말해야겠다고 생각한 것이다. 그러나 그것은 받아들일 수 없는 일이고 정직하지도 않았다. 대신 남편이 안 된다고 말하면 그것을 순순히 받아들였다. 그 다음해에도 그는 여전히 안 된다고 고 말했다. "그곳의 정치적인 상황으로 보아 당신이 있을 만한 곳이 아니다. 당신은 억류당할 수 있고 집에 돌아오지 못할 수도 있다"는 대답을 3년 동안 듣고 난 후 나는 이제 그만 물어야겠다고 생각했다.

그러나 그때도 하나님께서 나를 그곳으로 부르셨다는 것을 느꼈다. 나는 가고 싶었고 하나님께서도 내가 그곳에 가기를 원하신다는 것을 느꼈다. 타이밍의 문제였다. 내가 네 번째 물었을 때 남편은 "그래, 가야지. 이 사람, 이 사람도 불러. 그들이 당신에게 여비를 줄 거니까"라고 말했다. 나는 "아멘, 주여!"라고 외쳤다. 하나님의 시간에 하나님께서 행하셨기 때문이다.

하나님께서는 구원받지 않은 배우자를 통해 역사하신다. 하나님께서는 모든 일에 적합한 때를 갖고 계신다. 어쩌면 당신이 복종할 때보다 훨씬 빠르다. 그러므로 우리는 그 과정 중에 주님께 순종해야 한다. 당신이 기쁨으로 배우자를 존경하며 복종할 때, 정직과 순종이 불필요한 걱정과 근심을 없애 줄 것이다.

좋은 상담자를 구하라

당신의 경험과 감정을 누군가와 나누는 것은 매우 유익하다. 이것은 또한 당신에게도 생각을 정리할 수 있는 매우 좋은 기회가 된다. 자신의 사고에 대해 생각하고 당신의 행동 뒤에 있던 동기를 조사해 보라.

"대저 그 마음의 생각이 어떠하면 그 위인도 그러한즉"(잠 23:7).

당신의 생각은 결국 행동으로 나타난다. 나는 나 자신을 포함하여 다른 사람들이 어떤 힘든 길을 걸어왔는가에 대해서 이해시키려고 애썼다.

당신이 배우자에 대해서 긍정적인 생각을 꾸준히 한다면, 관계가 회복될 기회가 주어지고 점점 긍정적인 대화를 할 수 있을 것이다. 그러나 당신이 배우자에 대해 마음에 들지 않는 것들이나 자신이 얼마나 불행한지, 혹은 어떤 일에 대해 옳지 않다고 생각한다면 결국

"마음에 가득한 것을 입으로 말함이니라"(눅 6:45)

는 말씀대로 부정적인 말만 할 것이다.

빌과 셰리의 결혼은 몇 년 동안 불안정했다. 빌은 평일에도 맥주를 마셨고 주말이 되면 폭음했다. 그는 술을 마시면 말이나 정서가 난폭해졌다. 셰리는 '죽음이 우리를 갈라놓을 때까지' 란 맹세의 덫에 갇힌 것 같았다. 그녀는 상담의 필요성을 생각해 보지 못했다. 그녀는 그 누구도 자신을 도울 수 없다는 생각을 갖고 있었다. 빌의 증상이 갈수록 심해지자 그녀는 빌을 죽일 방법까지 생각하게 되었다. 어느 날 빌의 음주 문제에 대해서 격렬한 말싸움을 하는 도중, 셰리는 비밀스런 속내를 드러내고 말았다. "당신이 술 먹다 죽었으면 좋겠어."

사람들은 부정적인 말을 내뱉고는 생각한다. "내 말은 그게 아니야. 그것이 어디서 왔는지 나도 몰라." 사람들은 생각한 대로 말하기 마련이다. 부정적인 말은 당신의 마음속에서 나온 다. 당신의 영혼 속에 줄곧 머물다가 기회를 잡고 밖으로 나오는 것이다.

그러므로 부정적이거나 비합리적인 생각을 계속한다면 언젠가는 문제를 일으키므로 그 이전에 주위 사람들과 마음을 나누는 일이 필

요하다. 문제를 일으키는 불평등한 멍에를 진 사람들의 비합리적인
생각 중에는 다음과 같은 것들이 포함된다.

- "나는 배우자를 구원해야만 한다. 배우자가 구원받지 못하면 실
  패한 것이다." 이런 말을 믿는 여자들은 이것이 남편이 하나님을
  믿고 살도록 확신하기 위해 절대적으로 필요한 것이라고 생각한
  다. 또한 "내가 생각할 수 있는 것은 다했어. 남편이 나에게 요구
  하는 것도 다했어. 친구들이 제안했던 것도 잡지나 토크쇼에서
  지적한 것도 다했어. 하지만 아무 효과도 없는 것 같아"라고 생
  각한다.

  우리는 어느 누구도 구원할 수 없다. 우리는 그만한 능력이 없다. 우리
  를 이끄시고 우리를 사랑하시는 분은 하나님이시다. 또한 우리를 그분
  의 나라로 인도하신 분도 하나님이시다. 우리가 할 수 있는 유일한 것은
  기도하며 하나님께서 영광 받으시도록 배우자 앞에서 살아가는 것이다.

- "나는 완벽한 배우자야." 어떤 아내들은 완벽한 배우자란 하루
  에 두 번 집을 깨끗이 청소하고, 맛있는 식사를 준비하며, 남편
  이 요구하면 성관계를 갖고, 남편의 변덕에 비위를 맞추는 것이
  라 생각한다. 또 어떤 이들은 실제로 남편이 원하는 대로 완벽한
  몸매를 가꾸려고 애쓴다. 그들은 살을 빼려고 줄넘기를 하고 몸
  을 뒤로 열심히 구푸리기도 하지만 곧 비참함과 좌절을 맛보게
  된다. 그들이 기대하고 바라는 만큼 완벽해지는 일이 쉽지 않기
  때문이다.

완벽이란 것은 정의하기도 어렵고 이르기도 불가능하다. 하나님만이 완벽한 존재다. 완벽한 배우자가 되려고 애쓰지 말고 하나님을 기쁘시게하는 삶을 살아야 한다. 그 과정에서 오히려 배우자가 축복받도록 해야한다. 우리의 목표는 예수님을 닮아가는 것이다.

■ "배우자 없이는 성장할 수 없고 아무것도 할 수 없어요." 너무많은 아내들이 독립적인 주체라는 사실을 잊어버린 듯하다. 이들은 휴식도, 취미 활동도 남편의 뒤만을 따라다닌다. 그리고는이렇게 생각한다. "내게는 선택권이 없어. 아무것도 못하고 성장할 수도 없어."

모든 사람은 하나님 안에서 성장, 성숙하면서 개인적인 책임을 진다. 우리 각각은 배우자가 하는 일과 상관없이 하나님의 일을 해야 한다. 우리는 불평등한 멍에를 진 사람에게 꾸준한 영적인 성장이 필요하다고 이해시킴으로써 그들을 도울 수 있다. 어려운 상황에서도 그들을 지탱케하는 것은 남편을 의존하는 마음이 아니라 하나님과의 관계다.

문제를 푸는 열쇠는 내게 있다

불평등한 결혼의 멍에를 진 남편과 아내가 현실에 부딪치면서 각자 살아가는 방식에 책임을 지는 것은 중요한 일이다. 먼저 당신의 기대와 필요를 조사하고 평가해 보자. 그리고 무엇을 바꿀지 계획하라.
오래된 길, 같은 길을 답습할 필요는 없다. 우리의 모순 가운데 하나는 같은 일을 계속 되풀이하면서 다른 결과를 기대하는 것이다. 당신이 지금 이런 모순 가운데 있는지 점검해 보라. 지금 당신에게 필요한 것은 어제와 다르게 사는 방법을 배우는 것일지도 모른다. 아무리 애를 써도 남편이 만족해하지 않고 결혼생활도 더 이상 좋아지지 않는다면 낙담할 것이다. 그러므로 지금 가던 길을 멈춰라. 그리고 당신 혼자 모든 일을 다하려고 애쓰지 말고, 하나님께서 당신에게 요구하신 일들만 하도록 노력하라.

심판 날에 모든 사람들은 자신이 한 생각과 말, 행동에 대해 평가를 받을 것이다(마 12:36, 롬 14:12, 고후 5:10). 우리는 자신의 행동에 대한 책임이 있다. 부부간의 관계도 마찬가지다. 자신이 한 행동을 남편의 탓으로 돌리지 말라. 행복하지 않은 결혼생활은 배우자에게만 잘못이 있는 것이 아니다. 부부간에 어느 한 쪽간 변해도 결혼생활은 좋아질 수 있다. 배우자에게 변화가 없다면 당신이 변해야 한다.

상담자로서 난 고객에게 모든 기회를 준다. 그들이 설사 나에게 무례하게 대해도 상담을 계속한다. 때때로 "당신의 행동은 성경에 바탕을 둔 것이 아니에요"라고 말하기 힘든 경우가 있다. 그런 경우에는 다음 과정을 진행해 나가기가 매우 어렵다. 나는 짧지만 집중적으로 상담한다. 내 목표는 나를 찾아오는 사람들이 하나님께서 주신 도구를 사용하도록 하는 것이고, 그들이 가진 문제를 함께 해결하는 것이다. 좀 더 정확하게 말하자면, 그들 안에 있는 문제를 해결할 수 있도록 열쇠를 찾아주는 것이다.

배우자가 상담을 받을 경우

불평등한 결혼의 멍에를 진 남편이나 아내 모두 비슷한 문제를 갖고 있다. 그런데 상담자를 자주 찾는 쪽은 아내들이다. 일단 상담이 시작되면 나는 항상 배우자와 함께 오도록 했다. 대부분의 남자들은 상담 받으러 오는 것을 좋아하지 않는다. 무엇보다 남자들은 자신에게 무엇을 하라거나, 어떻게 집안을 이끌어 나가라는 말을 듣기 싫어한다. 또한 그 자신에게 문제가 있다거나 결혼생활에서 본인이 문제를 일으키고 있다는 것을 잘 받아들이려 하지 않는다.

남편을 상담실로 인도하는 내 방법은 간단하다. 남편이 상담실을 방문했으면 하는 아내의 요청을 담은 초청장을 집으로 보내는 것이다. "당신은 문제가 있다. 우리는 당신의 아내가 더 나은 삶을 살도록 당신에게 복음을 전하고 싶다"고 말하지 않는다. 대신 배우자와 나를 도와달라는 간단한 초청장을 보낸다.

남자들은 그런 방법을 좋아한다. 그들은 어쩌면 아내에 대한 불만을 이야기할 수 있는 기회가 주어진다는 사실에 고무되고 행복감을 기대할지도 모른다. 나를 찾아오는 아내들에게 이런 태도를 보여주라고 말한다. 나는 그녀에게 내가 말하고자 하는 의도를 자세히 설명하고 화를 내지 말라고 요청한다. 고객에게 "이 상담 단계의 목표는 당신을 공격하고 잘못을 지적하는 것이 아니다"라고 알려준다.

아내의 초청에 응해 함께 온 남편이 그녀가 놓친 부분을 더욱 분명하고 정확하게 말해 줄 수도 있다. 남편은 왜 자신이 교회와 어떤 관계도 가지려 하지 않는지, 왜 교회 사람들을 싫어하는지, 혹은 왜 자기 부인을 위선자라고 생각하는지 설명하기도 한다. 아내는 다음 상담 과정에서 남편이 말한 이러한 내용들을 정리할 기회를 갖는다.

아내들이여, 남편의 시각에서 생각하라. 실제로 상담자는 그의 말에 귀 기울여 들어준다, 아내와 함께 온 남편은 말하고 싶은 것을 다 말할 수 있도록 한다. 그리고 아내도 앉아서 남편의 이야기를 들을 것을 부탁한다. 이 과정이 끝나 가면 나는 남편에게 묻는다. "앞으로 나를 도와주시겠습니까?" 남자들은 자신이 누군가에게 도움이 되는 것

을 좋아한다. 대부분은 "그러죠. 필요하시면 전화하세요"라고 말한
다.

그리고는 그는 다음 상담 시간에도 아내와 함께 온다. 아내와 함께
온 남편들은 모두 자신의 아내에 대해 말하고 싶어할 뿐 아니라 자신
에 대해 이야기하고 싶어한다. 내가 자주 듣는 말이 "저기, 이야기하
고 싶은 게 있습니다. 시간을 정할 수 있을까요?"다. 그때 내 대답은
항상 "물론이죠"다.

해답을 찾기 위한 효과적인 전략 14가지

불평등한 결혼의 멍에를 진 부부들을 도울 수 있는 많은 전략들이
있다. 그 전략들을 살펴보자.

전략 1. 교회 내 소그룹을 활성화시킨다

각 교회에는 불평등한 멍에를 진 부부들이 같이 있다. 그럼에도 이
들은 교회 안에서 마음 나눌 곳을 찾지 못한다. 그래서 교회는 이들의
필요에 대해 인식하지 못하는 경우가 닳다. 그 결과 그들은 도움과 위
로를 베풀 수 있는 사람들에게도 도움을 받지 못한다.

따라서 교회는 소그룹의 교제를 더 발전시킴으로써 더 다양한 사
람들을 포용할 수 있고, 효과적으로 이들을 섬길 수 있다. 교회 예배와
지원 그룹들은 배타적이지 않고 포용적인 특별한 목표를 가져야 한
다. 그것은 다음과 같다.

■ 영적인 성장
■ 결혼생활에 대한 이해

- 개인의 가치와 중요성을 인식하도록 돕고 그 과정을 통한 자존
  감 형성
- 문제 해결 및 자멸적인 생각과 행동의 변화
- 가식적이 아닌 진솔한 자신의 감정에 대한 인식과 표현
- 절제 능력 훈련 및 개인의 행복과 만족의 회복

교회는 소수의 특별한 사람들을 보호하고 위로하는 데 더 주의를
기울이고, 그들을 돕는 사역을 더 잘 준비할 수 있도록 교회 안의 소
그룹들에 그 필요성을 전해야 한다.

전략 2. 개인적으로 맞는 전략을 개발한다

불평등한 멍에를 진 부부들은 모두 그 관계를 극복하려고 노력했
을 것이다. 당신이 상담자라면 여러 가지 질문을 던짐으로써 그들이
자신의 상황을 알도록 할 수 있다. "당신이 이 상황을 잘 대처했다고
생각합니까? 당신이 하고 있는 것 중 효과가 있는 것은 무엇입니까?
효과가 없는 것은 무엇이고 수정해야 할 것은 무엇입니까?"

전략 3. 내 인생 내가 선택하고 책임진다

아내들이 자신의 삶에 책임을 지도록 돕고, 또한 그들이 실제로 선
택한 것이 얼마나 중요한지를 깨닫도록 돕는다. 특히 아내들은 항상
선택권을 갖고 있다는 점을 알아야 한다. 스스로 예속될 수도, 예수님
께서 하신 일을 위해 자유롭게 될 수도 있다. 그것은 그들의 선택이
다. 예수님께서 그들을 자유롭게 하셨다면 누구도 그들을 구속할 수

없음을 알아야 한다. 성경은 구속의 멍에를 다시 져서는 안 된다고 말씀하고 있다.

> "그리스도께서 우리로 자유케 하려고 자유를 주셨으니 그러므로 굳세게 서서 다시는 종의 멍에를 메지 말라"(갈 5:1).

이 말씀은 실제로는 율법에 얽매이는 것을 의미한다. 율법을 따르도록 강요받아서는 안 되고 율법의 정신을 받아들여야 한다. 아내들이 구속을 당한다면 그것은 그들의 선택의 결과다. 예수님께서는 포로 된 자를 자유롭게 하려고 오셨고(사 61:1, 눅 4:18), 이 자유는 예수님께 속한 자 모두에게 해당된다. 불평등한 멍에를 진 그리스도인 아내들은 지금이라도 자유를 선택하고 그 가운데서 살아가야 한다.

전략 4. 인간관계의 경계를 정하라

어떤 아내들은 자신의 의무나 배우자의 의구, 또한 교회에서 사역의 의무를 지키려고 지나치게 애쓴다. 예를 들어, 남편이 직장에서 돌아오면 "당신이 목사님과 만나 얘기하도록 약속을 잡아놨어요"라고 말한다. 남편은 목사님을 만나고 싶어하지 않고, 목사님도 실제로 시간이 없다. 그런데 그녀는 계속 남편을 설득하며 임의로 일을 만들어 가는 것이다. 이런 아내들은 자신이 해야 할 경계를 재설정하고, 남편의 필요에 좀 더 지혜롭게 반응하며 그들을 이끌어야 한다.

전략 5. 가정에서 섬길 곳을 찾으라

우리의 행동은 기본적인 욕구를 좇는다. 우리 모두는 상대방에게 기쁘게 받아들여지기를 원한다. 어떤 일에 소속되고 존중받기를 원한다. 또한 우리가 가장 원하는 일을 성취하는 방법을 알고자 노력한다. 그러므로 주목받고 싶고 사랑받고 싶고 소속되기 원한다면, 당신은 그러한 대접을 받을 수 있는 곳으로 갈 것이다. 많은 아내들에게 그런 곳은 바로 교회다.

결혼 3, 4년째 되는 여자들은 소속감, 지지 그리고 관심이 너무 간절해서 교회 안에서 그런 욕구를 충족시킬 만한 것이면 무엇이든 하려고 한다. 하지만 목사님이 내게 해주신 가장 좋은 충고는 나를 집으로 돌려보낸 것이라고 생각한다. 목사님은 "가정이야말로 당신의 섬김이 필요한 곳입니다. 교회는 당신이 없어도 문제가 없지만 당신의 결혼생활은 그렇지 않지요"라고 말씀하셨다. 그때는 그 말을 받아들이기 힘들었으나 그것은 모든 결혼생활의 엄연한 현실이다.

아내들은 다른 곳이 아닌, 집에 필요한 존재다. 성경은 선지자도 그의 고향에서 항상 환영받는 것은 아니라고 말하고 있다.

> "예수께서 저희에게 이르시되 선지자가 자기 고향과 자기 친척과 자기 집 외에서는 존경을 받지 않음이 없느니라 하시며"(막 6:4).

그러나 여전히 그곳에서도 섬김이 있어야 한다. 가족을 가장 잘 아는 사람은 당신이므로 그곳에서 섬겨야 한다. 배우자를 섬기는 일은 주님 보시기에 매우 존귀한 일이다. 가정을 섬기는 아내는 바로 하나님의 축복의 통로다.

전략 6. 말씀을 공부하라

성경은 당신을 돕기 위해 존재한다. 성경은

"모든 성경은 하나님의 감동으로 된 것으로'(딤후 3:16)

라고 말하고 있다. 이 말은 성경 전체가 유익하고 의로워 하나님의 사람으로 하여금 온전케 하며 모든 선한 일을 행할 수 있게 한다는 뜻이다(딤후 3:17). 성경을 펴고 어떤 부분을 읽든 그 말씀을 삶에 적용할 수 있다. 하나님의 말씀은 교훈을 주고, 특정한 부분에서 당신을 바르게 하고 책망하며 의로 교육하기에 유익하다.

말씀을 공부할 때는 단순하게 생각하는 것이 좋다. 몇 가지 기본적인 질문을 스스로에게 해보라. "이것은 무엇을 말하고 있나?" "이것은 무슨 의미인가?" "성경말씀을 따르기 위해 내가 해야 하는 일은 무엇인가?" 우리가 성경이 말하고 있는 것과 그 의미, 성경을 따라 사는 방법 등을 알게 되면 삶이 변화된다.

말씀을 잘 모른다면 목차를 활용하거나 해설 부분을 참고하라. 학개, 하박국, 스바냐 같은 성경을 볼 때는 이러한 자료를 사용하는 것이 도움이 될 것이다. 어디서 시작해야 할지 고르겠다면 시편이나 잠언부터 읽어라. 시편이나 잠언은 찬양, 기도, 지혜가 가득하다. 또한 잠언은 31장으로 되어 있어 하루에 한 장씩 읽으면 좋다. 하루나 이틀 성경 읽기를 잊었다고 괴로워하지 말라. 그날에 맞는 장을 찾아 다시 읽기를 계속하라. 오늘이 17일이면 17장을 읽으면 된다. 며칠 동안 읽지 못했어도 오늘이 20일이면 20장부터 시작하면 된다. 이렇게 간단히 적용하면 초보자가 쉽게 성경을 읽는 습관을 갖는다.

내가 강하게 말하고 싶은 것은 매일 성경을 공부하라는 것이다. 최소한 매일 성경을 손에 들고 아무 데라도 읽는 습관을 들여라. 성경 읽기표를 사람들에게 주면서 나도 성경이 삶 가운데 매우 도움이 된다는 것을 다시 한번 알게 되었다. 사람들은 성경 속에 나오는 인물이나 상황과 자신을 연관 지을 수 있다. 어떤 사람들은 이러한 성경공부 방식이 성경 구절을 암기하는 것보다 더욱 효과적이라고 한다. 우리의 목표는 공부 방법을 따르는 것이 아니라 성경 말씀을 이해하는 것임을 잊지 말자. 항상 성경을 공부하는 사람들은 이런 질문을 해야 할 것이다. "지금 이것을 읽고 있어요. 이 말씀을 어떻게 적용해야 할까요? 제가 무엇을 해야 하죠?"

전략 7. 끊임없이 기도하라

기도에는 능력이 있다. 기도는 상황만을 바꾸는 것이 아니라 당신을 변화시킨다. 당신이 누군가를 위해 기도하면 그 사람에 대해 갖고 있던 시각도 변화된다. 어떤 사람을 위해 기도하면 당신의 마음이 그에게 다가감을 느낀다. 화가 나서 고통스러워도 화를 내기가 어렵다. 그래서 마침내 "주님, 그를 축복해 주세요"라고 기도한다.

아내들을 상담할 때 질문해 보라. "하나님께서 당신에게 말씀하고 있는 것이 무엇이죠?" 만약 대답을 못한다면 이들은 더욱 기도에 힘써야 한다. 하나님께서는 항상 말씀하고 계신다. 상담을 받는 아내들이 하나님께서 무슨 일을 행하시는지 보고, 무엇을 말씀하고 계신지 들을 수 있도록 도와야 한다. 그들의 남편은 적이 아니다.

"우리의 씨름은 혈과 육에 대한 것이 아니요 정사와 권세와 이 어두움

그러므로 어떤 문제가 생기면 기도의 강도를 높여야 한다. 우리가 하는 모든 일은 기도를 통해 진행해야 한다. 하나님과 대화의 중요성은 아무리 강조해도 지나침이 없다. 항상 주님과 대화하고 그분의 응답을 들으라.

전략 8. 하나님의 구원을 신뢰하라

하나님께서는 만유의 주가 되신다. 우리는 자신의 문제를 하나님께 말하는 것을 멈추고 하나님과 관련된 우리의 문제를 말해야 한다. 하나님께서는 강하시며 살아 움직이시고 역사하시는 분이다. 그러므로 우리의 그 어떤 문제보다 훨씬 위대하신 분이다. 하나님께서는 우리의 모든 상황을 이미 알고 계신다. 우리는 하나님께 집중하고 말씀에 기초를 둔 삶을 살아야 한다. 하나님의 자녀에게 우연히 일어나는 일은 없다.

전략 9. 의로운 일을 하라

신약 성경에는 우리가 대인 관계에서 어떻게 해야 하는지에 대해 57가지가 넘는 언급을 하고 있다. 서로 잘 대접하고, 거룩한 입맞춤으로 인사하며, 포옹으로 맞이하고, 자신보다 상대를 더 높게 생각하고, 헐뜯지 말고, 귀하게 여기라고 말씀한다. 또한 이런 말씀이 계속 반복된다. 종종 사람들은 "만약 내 배우자가 구원을 받는다면 나는 이것도 하고 저것도 할 거야"라고 말한다. 그런 사람을 만나면 나는 이렇게 말한다. "하나님께서 당신에게 하신대로 남을 접대하고 축복하십시오. 하나님의 말씀을 적용하려는 소망으로 친절하게 대하십시오."

전략 10. 성령을 좇아 살아라

성경은

"내가 이르노니 너희는 성령을 좇아 행하라 그리하면 육체의 욕심을 이루지 아니하리라"(갈 5:16)

고 말한다. 아무도 두 길을 동시에 걸을 수 없다. 당신만의 생각으로 어떤 일을 한다면 하나님의 의지 밖에 있는 것이고, 성령을 좇는 것이 아니다. 결혼생활의 균형을 잡도록 격려하기 위해서는 먼저 일상생활을 체크해야 한다. "지난 주에는 어떻게 생활했습니까?" "당신의 말을 실천했습니까?" "지혜로운 생활을 했나요?" "하나님의 말씀을 당신 삶에 적용했습니까?"라고 물어보라.

전략 11. 결혼의 다양한 관점을 기억하라

불평등한 멍에를 지고 있는 많은 아내들은 그들의 결혼생활이 절대로 잘 되거나 만족스러울 수 없을 것이라고 잘못 믿고 있다. 종교적인 신앙고백의 수준이나 필요가 다르기 때문이라고 생각한다면 어떤 것도 함께할 수 없을 것이다. 이것은 실패자의 태도다. 영적인 영역은 결혼생활에서 중요한 부분이지만, 행복하고 활기찬 결혼생활을 위해서는 그 외에도 여러 가지 영역이 뒷받침되어야 있다.

처음 구원받았을 때는 예수님, 성경, 교회, 영적인 삶의 관점 등이 전부였다. 나는 금방 영적으로 위대한 사람이 되었다. 그러나 결혼의 나머지 부분에 대해서는 잊고 있었다. "남편과 난 공통점이 하나도 없어. 나는 주님을 사랑하고, 남편은 세상을 사랑해"라고 생각했다. 남편이 밖에 나가 여가 활동을 하자고 하면 난 내키지 않았다. 남편이 내가 가고 싶은 곳으로 갈 것이라는 생각은 상상할 수도 없었다. 남편의 친구들은 대부분 구원을 받지 못했기 때문에, 나는 그들과 더 이상 어울리고 싶지 않았다. 결과적으로 남편의 그 어떤 부분에서도 함께 즐거움을 누리지 못했다. 이런 아내를 바라보며 어떻게 남편이 변화를 원하겠는가?

결혼에는 영적인 영역 외에도 자녀양육, 재정, 관계, 심리, 의지, 정서, 신체, 재충전 활동, 직업적인 관점 등 여러 가지 영역이 존재한다. 불행하게도 난 주님을 영접한 후, 종교 생활에만 매달려서 가정의 다른 일을 위한 시간을 갖지 못했다. 나는 '남편이 구원받지 못하면 결혼은 아무 소용이 없는 거야. 남편이 구원받지 못하는데 어떻게 나가서 재미있게 지낼 수 있겠어? 십일조를 해야 하는지 말아야 하는지 모르겠어. 내 돈으로 해야 하나, 그에게 돈을 요구해야 하나?' 등에 대해 계속 생각했다. 당시 나에게 결혼이란 거의 앞이 잘 안 보이는 안개와 같았다.

이러한 결혼의 기본문제를 멍에로 정의하기 시작했을 때, 내 문제는 주님과 남편의 관계라기보다는 나의 부정적인 태도와 남편에 대한 나의 접근 방식이었다. 주님께서 내 문제를 다루시면서 내가 얼마나 독선적인지를 보여 주셨다. 그때서야 난 다시 돌아갈 수 있었다. 남편에 대해 다가가려고 노력했고, 용서를 구했으며, 관계를 재정립하고자 애썼다. 그리고 결혼을 구성하는 다른 부분을 발견하고 다시 회복시키고자 노력했다.

결혼의 요소

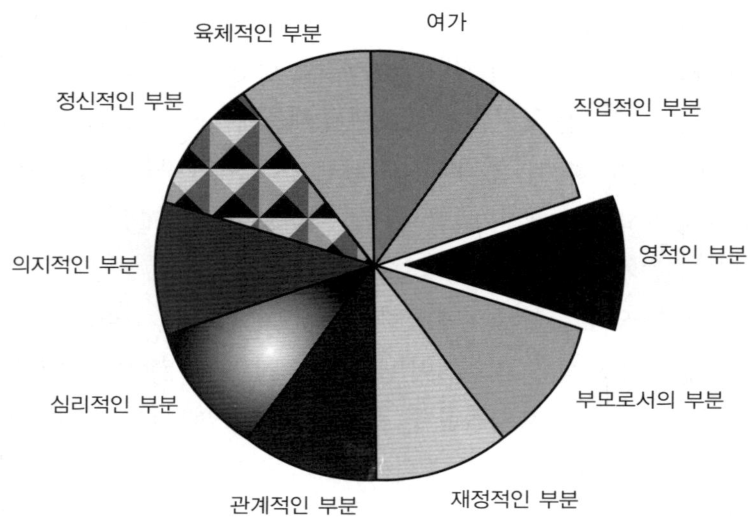

그림 5-1

이 표의 윗부분을 보면 동일하게 차지하는 부분이 있다. 결혼에는 종교적인 관점보다 더 많은 것이 있다. 누구도 "남편이 구원받지 못했기 때문에 다른 것은 함께할 수 없어"라고 말하며 계속 제자리에 머물고 싶지 않을 것이다. 당신은 다른 부분에서 친밀감과 공유 부분을 확대할 수 있다. 당신이 지금 할 수 있는 다른 것들이 있다. 전체 원을 기억하고 어디서 관계를 확장할 수 있는지 찾아보라. "영적인 부분 외에 다른 부분에서는 무슨 일이 있었지? 다시 돌아가 다른 일에 노력해야 하지 않을까?' 하고 스스로에게 물어보라.

전략 12. 중요한 일은 의논해서 결정하라

우리는 어떤 문제에 대해 스스로 결정을 하려는 독립적인 경향이 있다. 당신이 밖에서 일하는 문제를 남편과 상의한 적이 있는가? 아니면 당신 혼자 결정해 버리지는 않았나? "난 일하고 싶어. 난 내가 번 돈을 갖고 싶어. 내 돈은 내 돈이고 남편 돈은 남편 거야. 남편 돈으로 세금을 내고 내 돈은 내 마음대로 사용할까?" 때때로 우리가 말하는 것 속에 담긴 심리를 들여다보아 스스로 자제할 필요가 있다.

결혼은 상호 관계이고 분리주의가 아니다. 하나님께서는 아내를 가리켜 남편을 돕는 사람이라고 하셨다.

"여호와 하나님이 가라사대 사람의 독처하는 것이 좋지 못하니 내가 그를 위하여 돕는 배필을 지으리라 하시니라"(창 2:18).

그런데 당신이 자신만을 생각하고 당신의 영적인 일과 자신의 관심만을 생각한다면 남편을 돕는 것은 불가능하다. 당신의 소망과 원칙 중에서 선택해야 할 때가 있다. 당신이 원하는 것을 선택하고 나면 당신이 믿거나 의지하는 것에 손해를 입힐 수도 있다.

내가 남편을 돕는 존재임을 깨닫자 나는 매우 기뻤다. 남편은 내가 기꺼이 도우려고 하자 얼굴빛이 매우 편안해 보였다. 남편에게 "여보, 당신이 가계를 꾸려나가느라 얼마나 힘든지 깨달았어요. 내가 지출이 큰 편인 거 알아요. 세금 말고도 내가 혼자 쓰는 비용이 생각보다

많더군요. 정말 고마워요. 당신은 정규 시간 외에 야근까지 하잖아
요"라고 말했다면 좋았을 것이다. 그러나 나는 이런 말 대신에 "그것
은 당신이 해야 할 일이야. 당신은 이 집의 가장이니까. 당신의 아내
를 먹여 살리고 보호하며 가정을 돌보는 일이 당신의 일이니까"라고
생각했다. 나도 배우자로서 한 쪽의 역할을 해야 한다고 깨달은 것은
훨씬 나중의 일이다.

우리는 무엇보다 자신의 태도를 관찰해야 한다. 그리고 우리 삶에
허락하신 배우자를 대하는 방법도 유심히 보아야 한다. 우리는 동역
하는 삶을 배워야 한다. 마음을 합하는 일이 갑작스레 일어나지 않기
때문이다.

전략 13. 결혼을 결심했던 동기를 다시 확인하라

불평등한 멍에를 진 결혼생활은 정말로 어렵다. 그래서 모든 사람
이 그런 결혼생활을 끝까지 잘 유지해 나가는 것은 아니다. 어떤 아내
들은 "왜 하나님께서 이 사람을 내 인생에 주셨는지 모르겠어. 어쩌
면 사고일 수도 있어. 우리는 결혼했지만 서로에 대해 어느 것 하나
제대로 아는 게 없었어. 내가 왜 이런 생활을 반복해야 하는지 모르겠
어"라고 말한다.

이러한 이들에게 나는 그들이 처음 남편을 만났을 때 발견했던 좋
은 점을 다시 생각해 보라고 권유한다. 처음 만남에서 어떤 점이 끌렸
는지 기억하라. 분명히 당신이 결혼을 결심한 이유가 있을 것이다. 어
떤 사람들은 아이가 있었기 때문에 결혼했다고 한다. 어쩌면 당신은
아이에게 아버지를 선물하고 싶었을 수도 있다. 혹시 그것이 당신이
결혼한 유일한 이유여도 좋은 남편이 되기 위해서는 여러 가지가 필

요하듯이 좋은 아버지가 되기 위해서도 많은 사항들이 요구된다. 어쨌든 지금 당신은 남편과 함께 있다. 당신이 그와 함께하게 된 이유가 무엇이든지 당신은 남편을 사랑하고 존경할 수 있다.

남편이 나에게 "다시 나와 결혼해 주겠소?"라고 물었을 때 나의 대답은 확신에 찬 "예!"였다. 나는 그를 사랑한다. 나는 하나님께서 나를 덮어 주신 것처럼 그의 결점을 보지 않으려 하고 있다. 나는 모든 사소한 일을 지나치는 법을 알았다(옷을 걸어두는 것 같은 사소한 일). 평상시에 짜증을 일으키고 "내가 이것을 참을 수 있을까?"라고 생각하게 만드는 것은 사실 아주 작은 것들이다. 그때 나는 남편의 미래를 보게 해달라고 하나님께 도움을 구할 것이다. 나는 끝까지 참아낼 것이다. 그러면 남편도 그것을 알게 될 것이다. 나는 죽음이 우리를 갈라놓을 때까지 우리의 결혼을 신뢰한다. 이 과정에서 서로에게 상처 입히지 않는 것은 매우 중요하다.

전략 14. 주님과 함께 멍에를 지라

마지막으로 불평등한 멍에를 진 남편과 아내 모두는 예수님께서 그들의 삶과 결혼 가운데 만드신 변화를 기억해야 한다. 가장 우선은 예수님과의 관계다. 그리고 그것은 많은 변화를 만들어낸다. 주님과 함께 멍에를 진다는 것은 살아 있고 역사하시는 하나님의 능력이 그들로 하여금 어려운 시간을 견뎌내도록 이끌어 주신다는 뜻이다.

> "누가 우리를 그리스도의 사랑에서 끊으리요 환난이나 곤고나 핍박이나 기근이나 적신이나 위험이나 칼이랴… 그러나 이 모든 일에 우리를 사랑하시는 이로 말미암아 우리가 넉넉히 이기느니라"(롬 8:35, 37).

우리 모두 이렇게 기도하자.

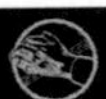

Prayer

"사랑의 주님, 불평등한 멍에를 지고 힘겨워하는 부부들을 훌륭히 여겨 주시옵소서. 그들에게 좋은 상담자들을 허락하시고, 상담을 통해 그들의 결혼생활에 긍정적인 변화가 일어나게 도와 주옵소서. 예수님의 이름으로 기도합니다. 아멘."

CHAPTER

6

6 말이 통하는 부부, 살맛나는 세상

존슨 부부가 조용히 상담실로 들어오던 날이 생생하다. 그들은 소파를 거절하고 방 맞은편에 있던 의자에 앉았다. 나는 간략하게 프로필을 훑어본 후 상담실을 찾은 가장 큰 이유가 무엇인지 물어보았다. 존슨 부인은 남편을 응시하더니 자신의 얘기를 시작했다.

"그는 항상… 남편은 반드시… 절대로 안하고… . 남편이 아는 것은… . 우리가 믿는 것은… 우리가 생각하고… . 느끼는 것은… 우리가 원하고… . 갖고 있는 것은… 우리는 필요해요." 그녀는 계속해서 대략 15-20분 동안 쉬지 않고 얘기했다. 그러고 나서 깊은 숨을 몰아쉬고는 "어떻게 생각하세요?"라고 물었다.

존슨 부인은 한번에 많은 정보를 주었지만 어떤 것을 묻는 것인지 정확하지 않았다. 나는 존슨 씨를 향해 그 질문이 무슨 뜻인지 물어보았다. 그는 크게 웃음을 터트리며 말했다. "나도 아내가 무슨 말을 하는지, 무슨 대답을 요구하는지 전혀 모르겠어요. 나는 저렇게 두서없이 말하면 듣지 않거든요. 의사소통이 가장 큰 문제예요. 그래서 여기 온 겁니다."

존슨 부부는 20분이 못 되어서 효과적인 의사소통 방법을 최소 10 개나 어겨 버렸다. 아내가 말하면 남편은 한숨을 쉬고 투덜대며 눈동 자를 굴리거나 빈정대는 듯한 숨을 쉬었다. 존슨 씨 부부에게는 바로 잡아야 할 문제가 몇 가지 있었으나 그것을 해결하기 위해서는 둘 사 이의 의사소통을 향상시켜야 했다. 둘 다 화자나 청자로서 잘못이 있 었으나 서로의 탓만 했다.

효과적인 의사소통은 개인의 노력에서 출발한다. 각자 의사소통 능력을 향상시키기 위해 각자의 역할에 충실하기로 결심해야 한다. 자신의 역할을 한다는 것은 마음을 나눈다는 뜻이다. 그것은 주님께 맡긴다는 것이고, 마음을 새롭게 한다는 뜻이며, 자신의 혀를 통제한 다는 뜻이다. 이러한 몇 가지 방법은 나의 불균형적인 부부 관계를 극 복하도록 도와주었다. 나는 하나님께 남편과 의사소통 방식을 바꿔 주실 것을 기도했다. 원활한 의사소통 방법을 개선하고 싶다면 우선 자신에 대해서 살펴보라. 모든 문제의 해결도 당신에게서 시작된다.

언제나 주님을 송축하라

"내가 여호와를 항상 송축함이여 그를 송축함이 내 입에 계속하리로다" (시 34:1).

결혼을 했든, 아니면 독신이든 항상 주님을 송축해야 한다. 주님을 송축하는 것이 중요한 이유는 그것이 바로 우리가 스스로를 이끌어 가는 방식이며 서로 교통하는 방법이 되기 때문이다. 의사소통 방법 에는 언어적인 것과 비언어적인 것이 있다. 말, 생각, 태도, 행동 등 그 두 가지 방식을 함께 사용해 정보를 나누고 감정을 만들어낸다. 우리가 의도하든 그렇지 않든 우리 몸 전체가 의사소통을 하고 있다. 그러므로 우리는 언제나 주님을 송축해야 한다.

주님께 맡기는 것

나는 당신을 찬양합니다. 오, 주님!

나는 당신을 찬양합니다. 오, 주님.
나는 당신을 찬양합니다. 오, 주님.
감사의 마음으로
당신을 찬양합니다. 오, 주님.

내 손을 듭니다.
내 입은 찬양으로 가득해요.
감사하는 마음으로
당신을 찬양합니다. 오, 주님.
(전체 반복)

그림 6-1

하나님은 매우 경외로운 분이시다. 하나님께서 우리를 창조하실 때 호흡을 불어 넣으신 것을 생각해 보라. 노래와 생각은 하나님께서 의사소통을 위해 우리에게 주신 것이다. 위 그림은 누군가 처음으로 나에게 의사소통에 대해 물어보았을 때 하나님께서 주신 그림이다. 상담을 준비하던 중 문득 우리의 몸으로 어떻게 주님을 찬양해야 할 지에 대해 생각하게 되었다. 그러다가 위의 그림이 떠올랐고, 내 생각을 표현했다. "나는 절대로 예술가가 아니에요. 나는 당신을 찬양합니다. 오, 주님!' 이란 찬양의 가사대로 떠오르는 그림을 그렸을 뿐이다.

몇 가지 생각이 떠오를 때마다 나는 그림을 그려서 남편에게 가서 보여주곤 했다. 남편은 이 그림을 보고 "이 그림이 지금 의사소통하고 있는 중이야?'라고 물었다. "나는 맞아요. 이 남자 보이지요? 그는 하나님을 찬양하고 있어요"라고 대답했다. 그러자 남편은 "이 남자는 체포된 것처럼 보이는데?'라고 말했다. "체포라구요? 난 다시 생각했다. "좋아요. 내 생각에는 당신이 체포될 때 들은 소리 같군요. '벽을 등지고 서. 손들어.'"

경찰이 당신에게 총을 겨눈다면 "잠깐만요. 쏘지 마세요"라고 말하기조차 어려울 것이다. 당신은 바로 손을 들고 벽을 등지고 서게 될 것이다. 그런데 흥미로운 것은 우리 역시 이와 비슷한 모양으로 주님께 체포된다는 점이다. 주님께서 우리를 부르시면 우리는 그분에게 복종한다는 표시로 손을 든다. 그러므로 이 그림은 그냥 그린 것이 아니다. "주님께 항복하여 모든 것을 다하겠습니다. 주님, 저는 당신을 위한 일을 하겠습니다"라고 말하며 체포된 남자를 보여 주고 있다. 이 남자는 언제나 주님을 찬양할 준비가 되어 있다.

감사하라

주님을 찬양하기 위해서는 반드시 감사해야 한다.

"또 무엇을 하든지 말에나 입에나 다 주 예수의 이름으로 하고 그를 힘입어 하나님 아버지께 감사하라"(골 3:17).

그러나 우리는 감사하기보다는 자주 못마땅해한다. 우리는 주님께서 축복하신 재물과 여러 관계들을 감사의 눈으로 보지 못한다. 주님을 찬양할 때 우리는 하나님께서 하신 일들에 대해 감사하는 마음을 지녀야 한다. 그리고 하나님께서 우리의 삶에 허락하신 사람들과 대화할 수 있는 기회를 주신 것에 감사해야 한다. 더욱이 주님을 위해 대화하는 것은 우리의 생각과 느낌을 다른 사람들과 나누는 것 이상의 일이다. 그것은 사랑과 용서를 베풀고, 의로운 일을 하며, 하나님께서 우리를 위해 하신 일들을 감사하며, 다른 사람에게 더욱 자비로운 태도를 나타내는 것이다.

마음을 새롭게 하라

주님을 찬양하기 위해서는 무엇이 주님을 기쁘시게 하는지 알아야 한다.

"여호와의 말씀에 내 생각은 너희 생각과 다르며 내 길은 너희 길과 달라서"(사 55:8).

주님을 찬양하고 다른 사람을 축복하기 위해서는 하나님의 말씀으로 우리의 마음을 새롭게 해야 한다. 당신이 말씀 속에 거하지 않거나 말씀을 삶에 적용하지 않는다면 하나님께서 원하시는 말과 행동을 할 수 없다. 하나님의 축복을 바랄 수도 없다. 그것은 그리스도인의 의사소통 방식이 아니다. 그리스도인의 바른 의사소통은 항상 주님을 찬양할 때 일어난다. 다른 이들을 격려하고 위로하며 높일 때 가능한 것이다. 우리는 하나님의 명령 없이는 이것을 할 수 없다.

내가 그린 그림을 남편에게 보여 주었을 때, 그는 "글쎄, 왜 이렇게 이마가 크고 벗겨졌지? 눈도 없잖아. 코도 없고 뇌도 없어"라고 말했다. 나는 "아니야, 뇌는 거기에 있잖아"라고 대답했다. 남편과 의사소통을 위해 내게 필요한 것은 무엇일까.

"너희 안에 이 마음을 품으라 곧 그리스도 예수의 마음이니"(빌 2:5).

그렇다. 우리의 마음은 새로워져야 한다. 성경은 이것에 대해 생각하라고 말하고 있다. 그런 후 우리에게 생각해야 할 전체 목록을 주신다고 했다.

"종말로 형제들아 무엇에든지 참되며 무엇에든지 경건하며 무엇에든지 정결하며 무엇에든지 사랑할 만하며 무엇에든지 칭찬할 만하며 무슨 덕이 있든지 무슨 기림이 있든지 이것들을 생각하라"(빌 4:8).

우리가 마음을 주님의 것, 즉 그분의 태도, 행동, 바람, 열정, 동정, 사랑 등으로 가득 채우면, 우리는 꾸준히 성경 말씀에 있는 것들을 생각하게 되고 그렇게 되면 우리의 의사소통이 변화될 것이다.

깨끗한 마음을 갖도록 기도하라

주님을 찬양하기 위해서는 깨끗한 마음을 구해야 한다.

"하나님이여 내 속에 정한 마음을 창조하시고 내 안에 정직한 영을 새롭게 하소서"(시 51:10).

우리 마음이 주님으로 가득하고 우리 입술이 찬양으로 충분히 넘치지 못하고 있다면 우리의 마음 상태를 점검해 보아야 한다.

우리는 우선 깨끗한 마음을 가져야 한다. 우리 마음속에 있는 모든 생각은 우리 입으로부터 나오는 것에 영향을 준다. 성경은 마음에 가득한 것을 입으로 말하게 된다고 가르친다.

"선한 사람은 마음의 쌓은 선에서 선을 내고 악한 자는 그 쌓은 악에서 악을 내나니 이는 마음의 가득한 것을 입으로 말함이니라"(눅 6:45).

실제로 잠언 4장 23절에서도 "무릇 지킬 만한 것보다 더욱 네 마음을 지키라 생명의 근원이 이에서 남이니라"고 말씀하고 있다. 나도 "내 속에 깨끗한 마음을 주옵소서, 주님"이란 기도를 자주 한다. 내 마음에 있는 것은 결국 내 입 밖으로 나오기 마련이다. "왜 내가 남편과 함께 있는지 모르겠어"라고 생각하면 그 생각이 언젠가는 밖으로 나온다. 혹은 "그는 이것을 절대로 못할 거야"라고 생각하면 곧 그 생각이 입을 통해 나온다.

당신도 이러한 경우를 생활 속에서 체험해 봤을 것이다. 당신의 생각이 말에 어떤 영향을 주는지 인식하지 못하는 사이에도, 당신은 남편에게 마음 한 조각을 보여줄 기회를 여러 번 기다리고 있었던 것이다. 이와 마찬가지로 당신이 감사의 생각과 마음을 갖고 있다면 하나님께서 얼마나 당신을 축복하셨는지에 대해 말하게 될 것이다. 이는 대화 중에 자기도 모르는 새에 하나님을 찬양하는 것과 같다. 따라서 당신은 우선 마음의 변화를 간절히 원해야 한다.

우리가 하나님을 조롱할 수 없다. 시편 139편에서는 하나님께서 우리를 얼마나 잘 알고 계시는지 말하고 있다. 그분은 우리의 출입을 아시며 우리가 어머니 자궁에 있을 때부터 우리를 알고 계시며 우리가 말하기도 전에 우리의 말을 아시며 우리가 생각하기도 전에 우리 생각을 아시는 분이시다. 그러므로 우리는 잘못된 생각과 말, 태도, 행동을 주님께 회개하고 이렇게 고백해야 한다.

> "나의 반석이시요 나의 구속자이신 여호와여 내 입의 말과 마음의 묵상이 주의 앞에 열납되기를 원하나이다"(시 19:14).

이제 다시 주님을 찬양하는 그림을 보자. 주인공의 마음 상태가 보이는가? 이것은 우리가 항상 우리에게 정결한 마음을 주시도록 하나님께 기도해야 한다는 것을 상기시켜 준다.

혀를 통제하라

주님을 찬양하기 위해서는 우리의 언어생활도 관찰해야 한다.

> "누구든지 스스로 경건하다 생각하며 자기 혀를 재갈 먹이지 아니하고 자기 마음을 속이면 이 사람의 경건은 헛것이라"(약 1:26).

우리가 말을 통제하는 것은 매우 어려운 일 가운데 하나다. 이 일은 남성보다는 여성이 더 경계를 해야 하는 것이기도 하다. 왜냐하면 여성들이 남성에 비해 더 많은 말을 하기 때문이다. 하루에 남자들이

25,000단어를 쓰는 반면, 여성들은 약 50,000단어를 쓴다고 한다.

혀를 다스리는 사람만이 온전한 사람이다. 온전한 사람이 되기란 얼마나 어려운가. 그만큼 혀를 통제하기란 어려운 일이다. 게다가 분노와 혐오를 더하기라도 한다면 당신의 혀는 완전히 통제 밖에 있게 된다. 그러므로 혀를 통제한다는 것은 심각한 과제다. 이것은 어려운 일이지만 때때로 우리가 생각 없이 내뱉은 거친 말이 부드러운 대화를 큰 싸움으로 바꾸어 버릴 수 있기에 아주 중요한 문제다.

이 사실은 불평등한 멍에를 진 사람들에게 특히 중요하다. 야고보서 1장 26절은 영적으로 성숙한 사람들이나 믿음의 연장자들을 위한 말씀이 아니다. 또한 훌륭한 그리스도인이거나 진정으로 주님을 아는 사람에게만 해당되는 말씀이 아니다. 이것은 스스로 종교인이라고 생각하는 사람들을 위해 쓴 글이다. 구원받지 못한 사람 중에는 스스로 종교적이지만 하나님과는 전혀 관계가 없다고 생각하는 사람들이 많다. 대조적으로 우리는 스스로를 종교적이라고 할 뿐 아니라, 하나님을 아는 그리스도인이며 주님과 인격적인 만남을 가졌다고 말한다. 그러므로 야고보의 교훈처럼 그리스도인에게 혀의 통제가 얼마나 중요한가를 잊지 말아야 한다.

남편이 훌륭한 그리스도인이 실천해야 할 목록을 만든 적이 있는데, 그 가운데 하나가 혀에 재갈을 물려야 한다는 것이었다. 내가 무언가를 말하려 하면 남편은 "당신은 훌륭한 그리스도인이야"라고 말했다. 이때 내가 생각한 것은 "나의 말이 내가 믿는 종교를 무가치하게 만들 수 있다"는 것이었다. 나는 남편에게 모범이 되기 위해서라도 내 혀를 통제해야 했다.

혀를 통제해야 하는 또 하나의 이유는 바로 우리가 장차 하나님 앞에 설 것이기 때문이다. "내가 너희에게 이르노니 사람이 무슨 무익

의사소통을 위한 단계

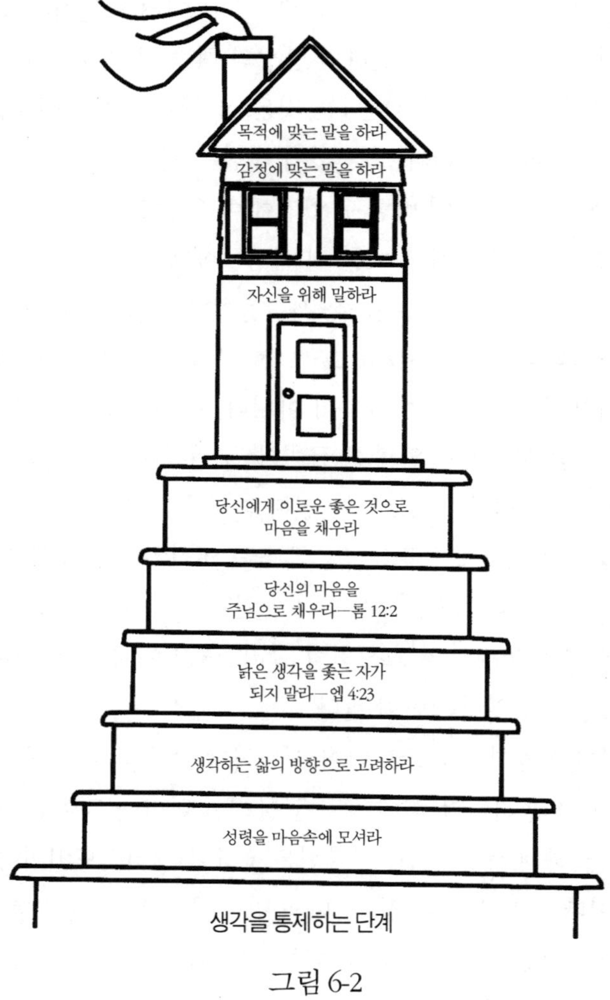

그림 6-2

한 말을 하든지 심판 날에 이에 대하여 심문을 받으리니 네 말로 의롭다 함을 받고 네 말로 정죄함을 받으리라"(마 12:36-37). 그러므로 우리는 이에 대해 두려운 마음을 갖고 있어야 한다. 우리의 말이 하나님의 거룩한 심판의 빛 가운데 있음을 생각한다던, 왜 우리가 용서를 구하고 죄를 고백하며 깨끗한 마음을 구해야 하는지 더욱 분명히 이해될 것이다.

우리가 악한 마음을 없앤 후 하나님을 기쁘시게 하는 말을 한다면 찬양하는 그림의 주인공처럼 미소 지을 수 있다. 또한 "주님, 내 모두를 드립니다. 내 마음도, 내 생각도, 내 입술도 드리오니 주님을 기쁘시게 하는 대화가 되게 하옵소서"라고 말할 수 있다. 모든 문제를 주님께 맡기고 범사에 감사하며, 말씀으로 마음을 늘 새롭게 하고 깨끗한 마음을 구하며, 우리의 말을 통제하건 우리의 대화는 하나님을 찬양하는 도구가 된다.

의사소통의 고수가 되려면

생각의 방향을 고려하라

대화의 또 다른 핵심은 생각의 방향을 고려하는 것이다. 여기에선 '고려'가 바로 핵심 단어다. 고려한다는 말은 자각과 통찰력을 지닌다는 뜻이다. 우리는 우리 안에 이루어지는 일에 대해 민감해야 하고, 우리의 생각 과정을 더 잘 알고 있어야 한다. 즉, 무엇을 생각하고 있는지 알고 행동해야 한다. 그리고 스스로에게 물어야 한다. "내가 계속 이렇게 생각하면 어디로 가게 될 것인가? 우리가 끊임없이 생각하고 있는 것들은 무엇인가?"

하나님의 말씀은 우리에게 생각의 방향을 알려주신다.

"종말로 형제들아 무엇에든지 참되며 무엇에든지 경건하며 무엇에든지 옳으며 무엇에든지 정결하며 무엇에든지 사랑할 만하며 무엇에든지 칭찬할 만하며 무슨 덕이 있든지 무슨 기림이 있든지 이것들을 생각하라"(빌 4:8).

내가 결혼과 남편에 대해서 생각의 방향을 달리하자, 그의 마음과 가정에 평화를 주는 말을 하기 시작했다. 정결하고 사랑할 만하고 좋은 것들에 대해서 오늘 생각해 보라. 행동에 변화가 올 것이다.

당신도 생각을 바꿀 수 있다

생각을 바꾸면 행동이 바뀐다. 그렇다면 생각은 어떻게 변화시킬 수 있을까? 부정적인 생각을 멈추고 말씀으로 마음을 새롭게 하면 긍정적인 생각을 할 수 있다. 낡은 습관과 사고를 더 이상 좇아서는 안 된다. 성경은 우리의 모든 생각을 사로잡아야 한다고 말씀하고 있다.

"모든 이론을 파하며 하나님 아는 것을 대적하여 높아진 것을 다 파하고 모든 생각을 사로잡아 그리스도에게 복종케 하니"(고후 10:5).

또한 사물을 바라보는 틀을 다시 짜야 한다. 구원받지 못한 남편이 더 이상 집에 머물기를 원치 않는다며 상담을 요청해 온 한 아내가 있었다. 그녀가 집에서 늘 찬양을 부른다는 것이 그 이유였다. 남편은 항상 "주님을 찬양하라. 할렐루야. 주님이 너를 축복해. 하나님은 선한 분"이라는 찬양과 교회 일, 혹은 그리스도인들에 대한 이야기를 들어야 했다.

아내는 그리스도인으로서 삶의 의미에 대해서는 잘 알고 거듭 이야기했으나 삶의 방식은 종종 반대였다. 솔직히 이런 종교적인 이야기들은 구원받지 못한 사람들이나 세상적인 사람들에게는 아무 효과가 없다. 특히 당신의 행동이 찬양에 부합되지 못할 때 다른 사람을 구원한다는 것은 어리석은 생각일 수도 있다.

어떤 남편들은 집이 아니면 어디든 괜찮다는 생각으로 직장에서 늦게까지 일한다. 대개 이들의 아내들은 이런 상황을 매우 부정적인 것으로 받아들이기 마련이다. 그들은 남편의 부재나 관심의 부족에 대해 불평한다. 그러나 이러한 아내의 반응은 남편에게 더욱 집을 피하게 만드는 이유를 제공할 뿐이다.

영적으로 균형이 맞지 않는 결혼생활을 하고 있는 아내들을 상담할 때면 나는 이들의 시각을 바꾸고자 노력한다. "늦게까지 일하는 사람에 대해 좋은 말을 해준다면 어떤 말을 해 줄 수 있을까요?"라고 묻고 함께 목록을 만든다. "성실하다, 약속을 지키는 사람이다, 부지런하다, 돈을 벌어온다, 먹을 것과 살 집을 마련한다…" 이 목록의 목적은 아내로 하여금 긍정적인 시각을 갖도록 해서 남편이 집에 올 때 밝은 태도로 맞이하기 위함이다. 목록을 만들고 나면 다음 목표는 이런 것들을 생각하는 것이다.

선한 것으로 마음을 채우라

당신이 항상 TV 쇼나 우스꽝스런 시트콤을 보고 있다면 당신의 마음에는 이런 것들만 담겨져 일상 가운데 당신의 이야기 주제로 삼게된다. 또한 연예인들의 사생활을 좇는 가십성 기사들과 최신 유행 등

통속적인 기사거리로 꽉 찬 잡지를 읽는다면 결국 이런 얘기들이 자주 당신 입에서 나올 것이다.

그러므로 우리는 선한 것으로 우리의 마음을 채워야 한다. 의사소통을 다룬 좋은 책들이 많다. 〈성경공부 워크북〉 안내서는 성경적인 시각으로 씌어진 훌륭한 책들을 많이 다루고 있다. 그러나 무엇보다 성경이 가장 좋은 정보를 주는 책이다. 다른 책을 읽지 않고 있거나 너무 바빠서 다른 책을 읽을 시간이 없다면 우선 성경을 매일 읽도록 하라. 성경에는 삶과 신앙과 관계된 모든 것이 있다.

> **"그의 신기한 능력으로 생명과 경건에 속한 모든 것을 우리에게 주셨으니 이는 자기의 영광과 덕으로써 우리를 부르신 자를 앎으로 말미암음이라"** (벧후 1:3).

주님과 함께하는 시간을 가지라

효과적인 의사소통을 위해 필요한 매우 중요한 일 가운데 하나는 주님과 함께하는 시간을 갖는 것이다. 그분의 임재 속에서 우리는 변화된다. 우리가 주님의 임재 속에 있지 못하고 매일 주님과 나누는 시간이 없다면 과거에 우리가 행동하던 모습과 방식으로 다시 돌아가고 만다. 주님의 모습을 닮아가기 위해서는 주님과 함께하는 시간을 매일 가져야 한다.

성령을 의지하라

때때로 우리는 무엇을 말해야 할지 고민하곤 한다. 그러므로 성령께서 우리 안에서, 또는 우리를 통해 역사하시도록 해야 한다. 하나님께서는 우리가 무슨 말을 해야 할지 모를 것이라는 사실을 이미 알고 계신다. 이것이 바로 우리가 혀에 재갈을 물려야 하는 이유다. 하나님의 일에 대해서 말할 준비가 될 때까지 어떤 것도 말해서는 안 된다.

어떤 사람들은 "난 말을 많이 안 해요. 말을 많이 하는 것은 내 스타일이 아니죠. 나는 내성적이에요. 30분 정도의 시간에도 나는 무엇을 말해야 할지 모르겠어요. 내가 무엇을 말하기 전에는 늘 말을 잘하게 되길 간절히 원하는 편이에요"라고 말한다.

출애굽기 4장 10-12절에는

"모세가 여호와께 고하되 주여 나는 본래 말에 능치 못한 자라 주께서 주의 종에게 명하신 후에도 그러하니 나는 입이 뻣뻣하고 혀가 둔한 자니이다 여호와께서 그에게 이르시되 누가 사람의 입을 지었느뇨 누가 벙어리나 귀머거리나 눈 밝은 자나 소경이 되게 하였느뇨 나 여호와가 아니뇨 이제 가라 내가 네 입과 함께 있어서 할 말을 가르치리라"

라고 기록되어 있다.

이와 마찬가지로 하나님께서는 배우자나 아이들, 동료, 혹은 친구에게 하나님의 말씀을 전하라고 당신을 보내신 것이다. 가서 그들에게 말해야 하지만 당신은 가지 않는다. 대신 하나님께 "주님, 제가 무엇을 말할지 모른다는 것을 아시잖아요"라고 갈한다. 그리고 아무 말도 하지 않는다. 누군가에게 알려줄 소식이 있음에도 어떻게 입을 떼야 할지 모른다. 우리는 "아마 누군가가 남편의 기분을 좋게 만들어주겠지"라고 생각한다. 혹은 어떤 상황에서 누군가에게 꼭 필요해서 전할 말이 있어도 그들에게 무슨 말을 해야 할지 확신이 서지 않는다.

여전히 우리는 혼잣말로 이렇게 말한다. "글쎄, 누군가가 그녀에게 말하겠지."

하나님께서는 우리에게 입을 주셨다. 그분은 우리가 무슨 말을 해야 할지 정확히 알고 계신다. 하나님의 인도하심에 순종한다면 우리가 해야 할 일은 우리 입을 통해 하나님께서 말씀하시도록 하는 것이다. 내 생각대로 말하는 것이 아니라 성령이 역사하시는 대로 따르라. 주님께서는 우리가 말해야 할 것에 대해 미리 알고 계신다.

고린도전서 2장 1-4절에서 바울은

"형제들아 내가 너희에게 나아가 하나님의 증거를 전할 때에 말과 지혜

의사소통의 단계

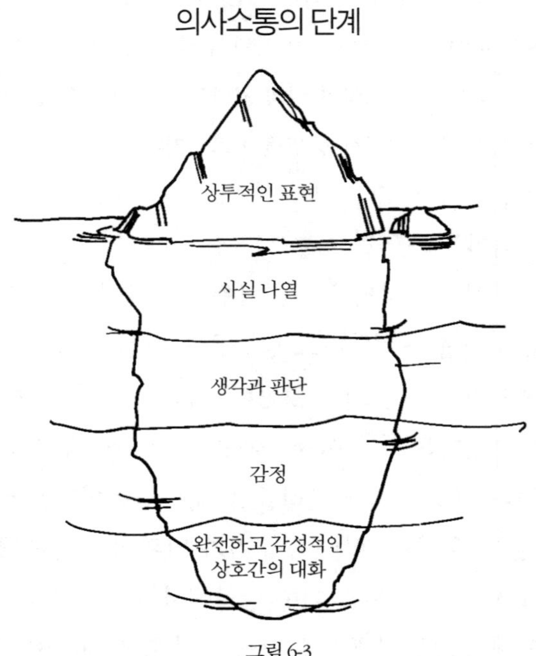

그림 6-3

의 아름다운 것으로 아니하였나니 내가 너희 중에서 예수 그리스도와 그의 십자가에 못 박히신 것 외에는 아무것도 알지 아니하기로 작정하였음이라 내가 너희 가운데 거할 때에 약하며 두려워하며 심히 떨었노라 내 말과 내 전도함이 지혜의 권하는 말로 하지 아니하고 다만 성령의 나타남과 능력으로 하여"

라고 말하고 있다.

당신이 고학력자나 지식이 많은 사람, 혹은 어떤 분야의 전문가와 말하게 될 때도 겁을 내지 말라. 적절한 대화를 위해서는 성령이 우리를 통해서 역사하셔야 함을 깨달아야 한다. 성령께서는 우리가 말할 바를 도와주신다. 우리가 대단한 지적 능력을 갖고 있다거나 지혜가 깊다거나, 언변이 뛰어나다면 좋은 대화를 나눌 수 있을 것이다. 그러나 진실로 효과적인 대화를 이끄시는 분은 오직 성령이다.

의사소통의 단계

결혼생활에서 성공적인 대화의 목표는 깊고 진실한 상호간의 대화다.

위의 빙하 그림은 다섯 가지 의사소통 단계를 보여 주고 있다. 물위로는 단지 빙하의 일부분만 보일 뿐이다. 첫 단계인 '상투적인 대화'가 바로 빙하의 일부분이다. 예를 들면, "점심 먹으러 갑시다"와 같은 일상적인 대화들이 여기에 속한다. 이런 갈을 하는 사람 가운데 실제로 몇 명이나 당신에게 약속을 청하는가? 아마도 매우 극소수의 사람뿐일 것이다. 상투적인 대화는 진실한 대화 대신 예의상 건네는 말일 뿐이다.

다음 단계는 '사실 나열'이다. 종종 사람들은 대화 가운데 실제로 무슨 일이 있었는지에 관해서만 말한다. "그때 밖의 온도는 8도였지." 질문 같은 것은 없고 단지 사실만 있다. 밖이 덥다고 말할 때 덥다는 것은 인식의 문제다. 당신에게는 덥게 느껴질 수 있지만 나에게는 매우 기분 좋은 날씨일 수도 있다. 그러나 8도라고 말하면 아무도 이의를 제기하는 사람이 없다. 왜냐하면 그것은 측정의 결과이고 하나의 사실이기 때문이다. "타이어가 펑크 났어"라는 말도 하나의 사실이다. 그러나 객관적인 사실을 진술한다고 해도 청자의 입장에서는 각자 다르게 받아들일 수 있다. 예를 들면, "나는 세 사람이 지나갈 때 타이어에 펑크가 나 매우 당황했어"라는 말은 전혀 다른 메시지일 수 있다.

'생각이나 판단을 나눌 때'는 개인적인 정보의 교환이 필요하다. 생각과 판단에 대해서 이야기를 시작하면 생각이나 의견, 느낌, 혹은 누군가에 대한 추론 등이 개입한다.

다음 단계는 '감정의 나열'이다. 누군가가 매우 기분이 상해 있는데 당신은 전혀 이유를 알 수 없었던 적이 있었는가? 상대방이 무엇에 화가 났는지 전혀 알 수가 없던 적이 있을 것이다. 당신은 그 사람이 기분이 상해 있고 화가 났거나 겁을 먹었다는 것밖에는 모른다. 대개 여자들은 어떤 일이 일어났을 때, 그 사실에 대한 객관적인 정보가 아닌 감정을 잘 이야기하는 편이다. 여자들은 비교적 왜 그 일이 일어났고, 그 이유는 무엇인지 명료하게 말을 잘 못하는 경우가 많다. 종종 감정이나 느낌 등을 말하느라 대화의 단계를 뛰어넘기도 한다. 우리가 갖고 있는 믿음이나 태도는 감정적인 진술이 되기 쉽다.

가장 바닥에 있는 것이 가장 깊은 대화의 단계다. 이 단계에서는 깊고 진실한 상호 교류적인 대화가 이루어진다. 상투적인 대화나 생

각과 판단을 이야기하고, 사실을 진술하며 감정을 나누는 일은 대부
분 사람들에게 쉬운 일이다. 그러나 개인적으로 의사소통을 깊이 하
려면 '투명성'이 필요하다. 다른 사람들이 우리를 깊이 있게 잘 안다
면 지금처럼 반응하지는 않았을 것이다. 결혼관계에서 진실한 대화
를 진정으로 원한다면 이 깊은 단계 속으로 들어가는 모험을 해야 할
것이다.

부부 사이 의사소통을 잘하려면

효과적인 의사소통을 하기 위해서는 지속적으로 배우는 과정이 필
요하다. 우리는 상호 의사소통을 돕는 지혜로운 방법들을 적용하는
습관을 가져야 한다.

자신의 생각을 말하라

다른 사람의 말이나 생각보다 자신의 말을 하라. "당신은 항상…"
혹은 "당신이 한 것은…"이라고 말하지 말라. 개인적으로 '내가 생각
하기에는…'이라고 하면 대화는 훨씬 부드러워진다. 대화할 때 상대
방에 대해 말하려고 하지 말고 그냥 듣기만 하라.

상당히 길게 말하는 사람이 있다면 그에게 충분한 시간을 주어라.
당신이 빈 칸을 채우려고 하면 오답을 적을 수 있다. 당신은 상대방의
마음속에 무엇이 들어 있는지 관심 없는 사람같이 행동할 때가 있다.
당신이 이미 사실과 상관없이 상대방에 대해 주관적인 결론을 내렸
다면 왜 그와 대화를 하는가? 자신의 생각을 말하는 법을 배우라. 당
신이 원하는 것, 바라는 것, 당신의 필요, 그리고 당신의 의도를 대화

의 과정에 따라 자연스럽게 말하라.

감정을 읽고 나누는 방법을 배우라

훌륭한 의사소통을 위해서는 민감성을 키워야 한다. 자신의 감정을 말하는 능력과 다른 이의 감정과 필요를 알아채는 능력을 키워야 한다. 이를 위해서는 감정을 토의하고 서술하는 법을 배워야 한다. 많은 사람들은 흥분, 행복, 놀람, 의기 양양 같은 긍정적인 감정들이 대화하기 훨씬 쉽다는 것을 알고 있다. 그러나 당신의 배우자가 당신이 슬프거나 낙담하거나 좌절했을 때를 아는 것도 중요하다.

당신이 진정으로 원하는 것이 무엇인지 말하라

우리의 대화는 대개 진술을 목적으로 하지 않는다. 우리는 자신의 의향이나 의도를 진술하는 데 자주 실패한다. 예를 들어, 남편이 직장에서 돌아왔는데 아내가 "당신은 집에 들어오면 나한테 키스해 주지 않는군요"라고 말한다면, 이것은 감정적인 진술도 아니고 의도가 있는 진술도 아니다.

그녀의 의도는 키스를 받는 것이다. "당신은 더 이상 나한테 키스 안 해요?"라고 말하는 것보다 키스를 받기 위한 더 나은 접근 방식은 "키스해줘요"일 것이다. 매우 직접적인 표현이지만 "나에게 ~해줘요"라는 말은 상대방에게 의무감과 압력을 줄 수 있다. 아내는 또한 "나는 키스가 좋던데"라고 말할 수도 있다. 이에 대해 남편이 "오늘은 키스하고 싶지 않아"라는 말로 응답할 수도 있을 것이다. 그러나 자신의 의도를 솔직히 말함으로써 감정을 전달하고 의중을 드러내어

오해나 혼동의 가능성을 줄일 수 있다.

우리가 뜻하는 것을 명쾌하게 말하거나 말하는 내용의 뜻을 분명히 이해할 때 대화는 놀랍게도 간단해질 수 있다. 그러나 우리는 대부분 그렇게 하지 않는다. 단어를 신중히 선택하지 못하거나 말하려는 의도와 전혀 다른 이야기를 하는 경우가 있다. 또한 정확하게 의도를 표현하지 않고서 자신이 말한 내용을 알아주기를 기대하기도 한다.

우리가 원하는 것을 정확히 말하지 못하면서 상대방이 그것을 올바로 추측해 주기를 바라는 것이다. 그렇게 하는 것은 상대방에게 혼동을 주는 것이고 때론 그를 넘어지게 하는 덫이 될 수도 있다. "어디 내가 말하는 것을 추측하나 보자. 당신이 추측하지 못한다면 난 화가 날거야"라고 생각하는 것과 같다. 또한 "내 마음을 읽어봐"라고 말하는 것과도 같다.

나도 오랫동안 노력했지만 타인의 마음을 완벽하게 읽어내지는 못한다. 그러나 여전히 노력하고 있다. 대신 나는 다른 사람이 말하는 것을 잘 마무리 지어 준다. 사람들이 너무 오랫동안 이야기하면 중간중간 단어를 끼워 주기도 하고, 그 단어가 적절하기를 바라기도 한다. 그러나 확실히 이것으로는 효과적인 대화를 이끌지 못한다. 때때로 우리가 대화를 잘 하지 못할 때 가장 좋은 방법은 조용히 침묵하는 것일 때가 있다.

우리는 다른 사람과 무엇을 말하고 있는지를 알아야 하고, 그 말에 대한 상대방의 반응에 대해서도 생각해야 한다. 스스로에게 "이 사람이 내 메시지를 이해했을까?" "내가 예상한 효과가 있었는가?" "내가 원한 반응이나 결과를 얻었는가? 만약 아니라면 그 이유는 무엇일까?" 등의 질문을 해야 한다. 이렇게 스스로에게 질문하면, 그 속에서 우리의 감정을 반영하고 다른 사람의 감정을 인식하며, 우리의 의도를 솔직하게 드러내어 말하게 된다. 이런 과정은 의사소통을 한층 쉽게 만들어 준다.

의사소통 과정을 이해하라

말을 한다는 것은 실제로 암호화된 메시지를 보내는 것이다. 의사소통에 관한 간단한 교과서를 보면 세 가지 기본적인 과정으로 정의를 내리고 있다. 메시지를 암호화하고, 암호화된 메시지를 주고받으며, 그것을 해독하는 과정이 그것이다. 화자는 암호화하는 사람이며 혹은 메시지를 보내는 사람이다. 화자는 생각이나 뭔가를 떠올리고 있고 다른 누군가와 대화를 원한다. 화자는 단어, 행동, 목소리 톤 등으로 원하는 메시지를 암호화한 후 상대방에게 보낸다. 메시지를 받는 사람은 그것을 해독하거나 메시지를 해석하는 방법을 결정해야 한다.

남편에게 "당신은 더 이상 나에게 키스하지 않는군요"라고 말한 아내의 예를 다시 살펴보자. 아내는 "당신은 한번도 키스해 주지 않는다"는 메시지를 보내고 있다. 이것이 그녀가 사용하기로 선택한 단어다. 그러면 남편은 "내가 다시 키스해 주지 않으면 무척 화를 내겠지"라고 해독한다. 이것은 아내가 남편에게 보내고 싶어하는 메시지가 아닐 것이다.

그러나 남편은 그녀의 암호 방식(언어적 그리고 비언어적), 혹은 자기가 해독한 방식 때문에 불평이나 화가 담긴 메시지로 받아들인 것이다. 그래서 남편은 "집에 들어오자마자 불평을 해대는군. 이제 당신은 '난 더 이상 당신과 키스 안 해' 라고 말하겠군. 난 지친 상태로 집에 들어왔고 당신이 나와 가깝게 지내고 싶어한다고 생각도 못했어"라고 응답한다. 이러한 대화는 십중팔구 싸움을 낳는다. 이제 그들은 서로 싸우게 될 것이다. 그 둘 모두는 화가 난 상태에서 정신 없이 대화를 할 것이다.

이런 오해가 결혼생활에서 종종 일어난다. 한쪽은 대화하고 싶다는 메시지를 제대로 보내지 않고 또한 상대방은 그것을 전혀 이해하지 못한다면 이 둘 모두는 전혀 다른 메시지를 주고받는 것이다.

예를 들어 내가 당신에게 부엌 기구를 그려 달라고 부탁한다. 그리고는 당신이 그린 그림을 본 후 불평하며 "내 말은 믹서기를 그려 달라고 한건데. 음, 당신은 어떻게 이럴 수가 있어요?"라고 묻는다. 혹은 "가게에 가서 빵 한 덩어리만 사 와요"라고 말한다면 당신은 무엇을 살까? 즉 빵집에 가서 어떤 종류의 빵을 살 것인가? 아마 모든 사람이 1.39달러짜리 버터 크레스트 밀빵을 사지는 않을 것이다. 버터 크레스트 빵은 내가 유일하게 먹는 밀빵이다. 내가 열 사람에게 질문한다면 얼마나 다양한 빵이 들어오겠는가?

상호간의 혼동은 사람들이 의사소통을 명확히 하지 못할 때 생겨난다. 나는 1.39달러짜리 버터 크레스트 빵을 생각했으나 그렇게 말하지 않았다. 내 지시는 '빵을 사러 가라' 였기 때문에 상대방이 돌아올 때 다른 빵을 사 갖고 온 것이다. 바로 여기서 논쟁이 벌어진다. "왜 내가 좋아하는 빵을 안 샀죠?" "왜 내게 그것을 말 안 했어요?" "무슨 빵이었는지 정확히 알고 있잖아요. 우리는 9년 동안이나 함께 살았어요. 내가 버터 크레스트 빵만 먹는다는 걸 왜 모르죠?" "하지만 당신이 부탁한 건 그게 아니잖소" 등의 대화가 끊임없이 이어진다.

문제는 바로 여기서 자주 시작된다. 마음속에 원하는 것이 있지만 그것을 제대로 전달하지 못하는 데서 시작되는 것이다. 우리가 생각하는 것과 말하는 것이 항상 일치하는 것은 아니다. 그렇지만 우리는 여전히 대화하는 상대방이 나의 말을 이해하기를 바라고 있다.

"당신이 틀렸어"라고 말하는 대신 "내가 메시지를 잘못 보냈나"라고 생각해야 한다. 상대방에게 메시지를 정확하게 보냈는지 먼저 점검해야 한다. "가서 빵 한 덩어리 사와요"라고 말했다면 상대방은 평범한 흰 식빵을 사 올 것이고, 그러면 그냥 먹으면 된다. 원하는 것이 무엇인지, 의도한 것이 무엇인지 혹은 제대로 된 일은 무엇인지 등의 이야기는 하지 말라. 그 순간에는 다른 생각은 버리고 웃으며 상대방에게 고마워하며 빵을 먹어라.

특별하게 이야기하라

의사소통을 잘하려면 무엇을 원하는지, 무엇을 성취하고 싶은지 분명하게 말해야 한다. 우리는 원하는 것을 잘 전달하는 대신, 상대방이 무엇을 생각하는지 묻거나 혹은 그가 생각하는 것이 내가 원하는 것이기를 바랄 때가 있다. 사람들에게 미끼를 던지거나 함정에 빠뜨릴 수 있는 질문이나 말을 한다면 그 결과는 바로 오해와 의사소통의 단절이다.

예를 들어 "오전 예배 정말 좋지 않았나요?"라고 물었을 경우 상대방이 오전예배가 좋았다는 데에 동의하지 않는다면 대화는 논쟁의 시작이 될 수 있다. 당신이 진심으로 훌륭한 예배에 대해 논의하고 싶다면 "오전 예배가 정말 좋았어요"라고 개인적인 견해를 담은 간단한 진술을 하면 된다.

다른 누군가의 생각을 알고 싶다면 "오늘 예배에 대해서 어떻게 생각해요?"라고 물어야 한다. 우리가 자신의 목소리를 들으며 말과 생각을 동일하게 하는 것은 매우 중요한 일이다. 행동은 생각에서 나오기 때문이다.

요점을 말하라

나는 심리적 리드를 잘하는 것으로 알려져 있다. 대부분의 내 친구들은 내가 이야기를 시작할 때면 항상 "우선 제 소개를 할게요"라고 말을 꺼낸다는 사실을 알고 있다. 친구들은 "사브리나, 나는 그것을 다 들을 시간이 없어요. 나에게 무엇을 말하고 싶은 거예요? 시간이 5분밖에 없어요"라고 말한다. 나는 '5분 안에 무엇을 말할 수 있을까?'라고 생각하며 준비한 내용을 다시 조정하기로 한다. 나는 "그렇다면 나중에 전화할게요"라고 말해야 할 것이다. 내 이야기는 5분 이상이 걸리기 때문이다.

내가 그들에게 다시 전화를 하면 "이제 제가 말할게요. 우선 제 소개를 할게요"라고 말한다. 그런데 사실 무슨 옷을 입었는지, 기온이 얼마나 되는지, 내가 그곳에 어떻게 가게 되었는지 등은 실제로 그다지 중요하지 않는 것들이다.

최근에 나는 한 친구와 이야기를 나누었다. 그러나 내가 무대를 설치하고 절정 부분으로 넘어가려고 할 때, 친구는 "끝이 어떻게 되는데? 비극이야 아니면 좋게 끝나?"라고 질문했다. 모든 이야기를 마치고 나면 내가 실질적으로 말하고 싶은 지점에 도달하기까지 시간이 다소 늦어지게 된다.

이러한 일은 여성들의 대화에 흔히 일어나는 일이다. 급히 서둘다 보면 한 번에 많은 것을 이야기하려고 한다. 성각과 견해가 얽혀 뒤죽박죽이 된다. 듣고 있던 상대방은 "좋아. 요점이 뭔데?"라고 궁금해하며 빨리 결론을 말해 주거나 마무리 지어 주기를 바란다. 결국 상대방은 흥미를 잃어버린다. 이제 상대방은 그 이야기가 어떻게 끝날지에 관심이 없다. 이미 오래 전에 주의와 흥미를 잃어버렸기 때문이다.

우리의 생각을 말로 표현하는 것은 매우 중요한 일이다. 그러나 너무 많은 정보를 주는 것은 바람직하지 않다. 한번에 너무 많은 것을 말하다 보면 듣는 사람 입장에선 무엇이 중요한지, 어떤 점에 주의를 기울여야 하는지 알 수 없다. 만약 상대방이 당신의 말을 이해해 주기를 바라는 것이 있다면 그것만을 말하고 그 외의 것들은 생략하라. 상대방으로 하여금 무엇이 중요하고 무엇이 그렇지 않은지 쉽게 알도록 하라.

남편에게 자신의 하루를 말하고 있는 아내를 생각해 보자. 그녀는 아이들에 대해서, 하루 종일 그녀가 무엇을 했는지, TV로 무엇을 봤는지, 집안일과 지불해야 할 청구서 등에 대해 말한다. 남편은 아내의 말을 듣고는 이렇게 묻는다. "내가 기억해야 할 것은 뭐지? 당신이 나에게 원하는 게 뭐야? 도대체 무엇을 알아주기를 원하는 거야?" 남편은 자신이 무엇에 대해 생각하고 대답해 주어야 할지 전혀 감을 잡지 못한다.

아내가 늘어놓는 이야기에는 자신도 휴식이 필요하다는 것을 남편이 이해해주기를 바라며, 자신의 하루가 얼마나 끔찍했는지 전달해주려는 의도가 담겨 있다. 하지만 남편이 이해하지 못하자 화를 낸다. 반대로 남편은 무엇 때문에 그녀가 화를 내는지 그 이유를 모른다. 지금 이들은 단지 불완전한 의사소통 때문에 심리적인 갈등에 빠진 것이다.

자신의 생각을 솔직하고 분명하게 말하는 훈련이 필요하다. 당신이 힘들 때는 힘들다고 말하라. 너무 많은 일들이 일어나서 따뜻한 포옹과 배려와 관심을 원한다면 그렇게 말하라. 휴식이 필요하다면 그렇다고 말하라. 요점을 말하는 것만으로도 불필요한 언쟁을 피할 수 있다.

대화의 핵심은 무엇인가?

다른 사람들과 무엇을 말하고 있는지 염두에 두어야 한다. 때때로 우리의 대화에는 요점이 없다. 전혀 주제와 상관이 없는 이야기를 할 때가 있다. 그냥 잡다한 이야기를 하고 있을 뿐이다. 그러나 성경은

"의인의 마음은 대답할 말을 깊이 생각하여도"(잠 15:28),

"지혜로운 자의 마음은 그 입을 슬기롭게 하고 또 그 입술에 지식을 더하느니라"(잠 16:23)

라고 말씀하고 있다.

상대방에게 귀 기울이라

상대방이 말할 때 귀 기울여야 하는 것은 당연한 일이다.

"내 사랑하는 형제들아 너희가 알거니와 사람마다 듣기는 속히 하고 말하기는 더디 하며 성내기도 더디 하라"(약 1:19).

의사소통은 반복되는 과정이다. 메시지를 주고받는 과정이다. 우리는 말을 하기도 하고 듣기도 한다. 훌륭한 의사소통을 위해서는 주

의 깊게 상대방의 말을 듣는 것이 필요하다.

서로에게 적응하라

자신을 제외한 다른 사람을 바꾸려고 해서는 안 된다. 불행하게도 이런 일은 결혼생활에서 최초로 겪는 일 중의 하나다. 당신은 결혼하기 전에는 이렇게 말했다. "난 특별하게 이것을 좋아하지 않아요" "그냥 괜찮을 뿐이죠" "잘 지낼 수 있어요…." 그러나 결혼한 후에는 이렇게 말한다. "그것을 받아들이지 않을 거예요" "당신은 변해야 해요." 이것은 마치 네모난 말뚝을 동그란 구멍에 끼워 맞추려 하고 있는 것과 다름없다.

하나님께서는 각각의 사람을 특별하게 만드셨다. 우리 모두는 신묘막측하게 지으심을 받았다(시 139:14). 따라서 사람을 변화시키려고 해서는 안 된다. 있는 그대로 사랑해야 한다. 우리 개성을 서로에게 적응시키는 법을 익힌다면 서로를 격려할 수 있고 평화롭게 살아갈 수 있다. 이는 상대방을 변화시킴으로써 이루어지는 것이 아니라, 오히려 이해하고 사고방식을 존중해 주며 대화할 수 있는 가장 좋은 방법을 알아냄으로써 가능하다.

결혼 초기에 남편이 직장에서 돌아오면 내가 첫 번째로 하고 싶은 것은 바로 대화하는 것이었다. 나는 남편에게 "오늘 어땠어요? 무슨 일을 했나요? 무슨 일이 있었죠? 기분은 어때요?"라고 쉬지 않고 물었다. 그러나 남편은 그저 소파에 앉아 혼자서 제임스 본드를 보고 싶어 했다. 남편은 긴장을 풀고 쉬고 싶어했다. 남편은 007시리즈를 모두 갖고 있었고, 아마 최소한 20번은 보았을 것이다. 난 그것을 이해할 수 없었으나 그가 좋아하는 것이기 때문에 어쩔 수 없이 그의 취미를 존중해야 했다.

처음에는 007시리즈가 항상 말다툼의 핵심이었다. 남편이 집에 들어오면 난 그에게 달려가 포옹하고 키스한 후 이야기를 시작했다. 그러면 돌아오는 것은 남편의 짧은 몇 마디였다. "뒤로 좀 물러서요. 자리가 없잖아. 공간을 좀 줘요." 나는 좌절한 심정으로 많은 밤을 보내야 했다. 한편으로는 내가 무엇을 잘못했는지 궁금했다. 하지만 남편은 집에 돌아오면 비디오테이프가 있는 곳으로 향했다.

우리는 오랫동안 싸웠다. 나는 내가 원하는 바를 분명히 말했고 그렇게 되기를 바랐다. 그래서 처음에는 그 상황을 바꾸려고 끈질기게 시도했다. 그러나 효과가 없자 주님께 항복하고 기도했다. "주님, 그가 나보다 낫다는 것을 알게 해주세요. 어떻게 해야 좋은지 보여 주세요." 얼마 지나지 않아 나는 결론을 얻었다. "좋아. 난 그를 바꿀 수 없어. 그것은 내 역할이나 책임이 아니야." 남편을 바꾸려는 시도를 그만두고 그를 더 이해하려고 노력하자 남편이 아닌 주변의 많은 상황들이 변화되기 시작했다. 따라서 그를 바꾸고자 하는 것은 더 이상 목표가 아니었다.

결국 나는 그의 일부분을 존중해야 함을 깨달았다. '성경은 지식을 따라 배우자와 생활하라고 말씀하고 있어. 남편이 집으로 돌아오면 그만의 공간을 좋아하지. 왜 난 그의 공간을 침입하려 했을까? 내가 지식을 따라 사는 사람이라면 기본적인 것들은 알고 있어야지. 남편은 혼자 있는 것을 좋아해' 라는 생각이 들었다.

남편이 돌아오면 기분이 상해 온갖 나쁜 생각을 하며 그를 외면한 채 시간을 보낼 수도 있었다. '왜 남편은 나랑 이야기를 하고 싶어하지 않을까? 아마 내게 흥미가 없나 봐. 어쩌면 자기 일이 더 재미있을지 몰라' 라고 혼자 맘대로 생각하고 판단했을 것이다. 그러나 나는 남편이 매우 고단하고 힘든 하루를 보냈고, 집에 오면 혼자 쉬고 싶어 한다는 것을 깨달았다. 남편에게 그만의 공간을 준다는 것은 그에게 힘든 하루에서 떨어져 나와 쉴 시간을 마련해 준다는 것을 의미했다.

내가 지식에 따라 거하기 시작하자 우리의 관계가 좋아졌고, 둘 다 모두 전보다 즐거운 결혼생활을 누리게 되었다. 나는 최대한 남편의 개인적인 필요와 개성을 존중해 주었다. 이제는 남편이 집에 들어오면 "잘 다녀왔어요?"라고 말하고 내가 먼저 포옹하며 키스해 준다. 그리곤 방을 나와 주면 된다. 그러면 그는 마음껏 긴장을 풀고 쉴 수 있다. 잠시 후 방에서 나온 남편과 나는 자연스럽게 함께 웃고 이야기를 나눈다. 내가 취한 태도는 매우 효과가 컸다. 나는 남편을 바꾸려 하지 말자고 결심했다. 남편만의 공간을 주었고, 그가 하는 행동을 이해했기 때문에 갈등이 해소되었다.

타이밍이 중요하다

얼마 동안 대화하는 것이 효과적인지 아는 것도 좋다. 나는 대화에 깊이 빠져들지만, 남편은 한번에 간단하게 이야기하는 것을 좋아한다. 남편은 "15분 간의 대화는 너무 길어. 하지만 당신에게 15분을 주지. 그 후에는 휴식이 필요해"라고 말했다. 따라서 나는 15분 안에 이야기를 조리 있게 할 방법을 생각해야 했다. 몇 시간 동안이라도 얼마든지 이야기할 수 있는 나는 15분 안에 모든 이야기를 마치라는 것이 이해가 안 되었다. '말하고 싶은 것이 정말 많은데. 그렇다면 15개의 이야기를 각각 1분 동안 말해야 하나? 아니면 이야기 2개를 7분 동안 충분히 말하는 게 나을까? 그리고 나머지 13개의 얘기는 나중에 다시 할까?' 라고 생각하기도 했다.

하지만 남편에게 오래 이야기하도록 강요하지는 않았다. 한번은 그가 15분 넘게 앉아 있던 적이 있었지만 그는 집중하지 않았다. 그는 그가 하고 싶었던 것들을 생각하며 "이야기가 왜 이렇게 오래 걸리는 거야?"라고 언짢아했다. 남편은 더 이상 내 말을 받아들이지도 않고 듣지도 않았다.

그래서 나는 우선순위에 따라 15분을 잘 활용해야 했다. "좋아. 이게 가장 말하고 싶었던 거야. 그러니 15분 간 집중해 줘요." 그리곤 이야기를 시작하면 남편은 앉아서 내 이야기에 귀를 기울이고 웃기도 하고 질문을 하기도 했다. 그러면서 이야기에 빠져들었다. 잠시 휴식을 갖고 나는 다음 15분을 기다려야 했다. 나는 그 밖의 다른 말도 더 하고 싶었으나 기다렸다. 그의 한계를 고려하자 남편이 중간에 다른 길로 새지 않고 대화에 집중할 수 있게 되었다.

우리는 다른 사람의 특성을 받아들여야 한다. 예를 들어, 나는 남편에 대한 소개를 건너뛰어야 한다. 남편과 대화는 대개 15분 정도 이어지기에 말하고 싶은 것이 무엇인지 정확하게 찾아내야 했다. 남편이 세세한 것까지 들어준다면 나는 내가 정말로 남편과 말하고 싶었던 것이 무엇인지 전혀 모를 수도 있다. 시간적 한계점을 넘으면 남편은 더 이상 내 말을 듣지 않기 때문이다.

반대로 그가 나에게 말할 경우 나는 세밀한 사항까지 알고 싶어진다. 그래서 "여보, 우리가 다른 일도 의논할 수 있게 대화시간을 이어가요. 나는 다른 일에 대해서도 알고 싶고 질문도 하고 싶으니까요"라고 말한다. 나는 타이밍의 중요성을 잘 알고 있다.

이제 당신의 배우자의 성격과 스타일에 대해서 생각해 보라. 배우자를 짜증나게 하는 당신의 대화 스타일은 무엇인가? 당신의 말하는 방식에서 어떤 점이 바뀌면 배우자가 좋아할까? 잘 듣는 것보다 더욱 중요한 것은 당신이 말할 때 상대방의 반응을 관찰하는 것이다. 그러고 나서 당신의 느낌에 대해 직접 물어 보라.

우리 모두 이렇게 기도하자.

Prayer

"사랑의 주님, 의사소통이란 주님께서 주신 선물입니다. 대화는 다른 사람들이 우리 안에 있는 당신의 영광을 볼 수 있도록 우리 자신의 일부를 나누는 기회입니다. 우리의 마음을 새롭게 하시어 주님께서 하신 것처럼 우리가 대화하게 하옵소서. 우리의 대화가 서로를 세우고 서로 상처주지 않도록 도와 주옵소서. 우리가 배우자를 염려하고 지식에 따라 배우자와 거할 수 있도록, 무엇보다도 사랑이 담긴 대화법을 가르쳐 주시옵소서. 예수님의 이름으로 기도합니다. 아멘."

CHAPTER
7
친구는
결혼에 어떤 영향을 미칠까

7 친구는 결혼에 어떤 영향을 미칠까

친구에 관한 노래도 매우 다양하고 친구에 관한 시나 책들도 많다. 또한 친구나 다정한 관계에 대한 정보도 풍부하다. 그러나 친구들이 당신의 결혼생활에 어떤 영향을 미치는지에 관한 정보는 상대적으로 매우 부족하다. 남편과 아내의 친구들은 긍정적일 뿐 아니라 부정적인 영향도 끼친다. 하나님께서는 그 관계들을 통해 내게 많은 교훈을 주셨다.

친구란?

우리는 많은 시간을 친구에 대해 이야기한다. 그렇다면 친구란 무엇인가?아래의 정의들을 읽고 친구와의 관계를 생각해 보자.

친구란 당신 주변에 있기를 즐겨하며, 당신의 조건이 나쁘다 할지라도 당신을 받아들이는 사람이다. 어느 누구도 완벽하지 못하다. 우리가 정직하다면 우리의 조건들이 항상 멋지고 화려한 것만은 아니라는 것을 시인해야 한다. 또한 자기만의 특성을 가지고 있기에 다른 사람과 맞지 않는 부분이 있다. 그러나 친구는 당신을 알고 있는 그대로 받아들이는 사람이다.

친구란 당신을 잘 알고 좋아하는 사람이다. 성경은

> "너희 속에 착한 일을 시작하신 이가 그리스도 예수의 날까지 이루실 줄을 우리가 확신하노라"(빌 1:6)

고 말씀하고 있다. 주님께서는 마지막 날이 올 때까지 우리와 함께 하신다. 따라서 우리는 모든 면에서 더 성숙하고 성장할 여지가 있다. 주님 안에서 성숙한 사람은 다른 사람을 돌아볼 줄 안다. 우리는 주님을 믿는다고 하면서도 우리의 관심사는 늘 자신에게 머물러 있을 때가 많다. 그럼에도 친구는 당신을 좋아한다.

> "우리는 그의 만드신 바라 그리스도 예수 안에서 선한 일을 위하여 지으심을 받은 자니 이 일은 하나님이 전에 예비하사 우리로 그 가운데서 행하게 하려 하심이니라"(엡 2:10).

친구는 우리 안에 계신 주님의 성품을 볼 수 있다. 당신에게 자주 "넌 그것을 할 수 있어. 나는 너를 믿어. 네가 주님을 사랑하고 있다는 것을 알 수 있어"라고 말하는 사람을 생각해 보라. 친구란 당신 속에 있는 최고를 볼 수 있는 사람이다.

친구란 당신의 모든 일을 상세하게 알고 있으며 어떤 환경 가운데서라도 당신에게 최고의 도움이 되는 사람이다. 당신에게 진정한 도움이 되는 친구는 사랑의 마음으로 진실을 말하는 사람이다. 그래서 때로는 당신이 듣고 싶어하지 않는 것을 말해 주기도 한다. 당신이 듣고 싶어하는 말을 하기란 쉬운 일이다. 그러나 진정한 친구는 기꺼이 부담이나 위험을 감수하고 당신에게 필요한 말을 하는 사람이고, 당신이 원하든 원치 않든 주님이 말씀하신 바를 말하는 사람이다. "친구의 통책은 충성에서 말미암은 것이나 원수의 자주 입맞춤은 거짓에서 난 것이니라"(잠 27:6).

좋은 친구란 당신을 동료로서 끌어줄 수 있는 신뢰감 있는 절친한 사람이다. 친구는 당신이 완벽해서 사랑하는 것이 아니다. 친구의 영향으로 당신은 주님께 더 가까이 다가갈 수 있다. 성경은 조롱하는 친구에 대해서 말씀하고 있다(욥 16:20, 19:19, 시 38:11, 마 26:56, 눅 15:12-15, 요 16:32, 딤후 1:15; 4:10). 성경에서 말하는 조롱하는 친구란 당신이 돈이 많을 때만 사랑하거나, 혹은 일이 잘 될 때만 친구가 되어 주는 사람을 가리킨다. 그들은 당신의 재능, 탁월한 언변, 비싼 차, 좋은 직업 때문에 당신을 좋아한다. 당신을 포장하고 있는 그런 재산과 재능이 사라지면 그들도 사라진다. 그러나 진정한 친구는 어떤 경우에도 당신을 떠나지 않는다.

친구는 당신에게 영적으로 도전을 주며 성장할 수 있도록 격려해 주는 사람이다. 듣기 좋은 말만 하거나 서로의 잘못된 점에 대해서 지적하지 않는 친구는 영적으로 도움을 줄 수 없는 친구다. 잠언 27장 17절은 "철이 철을 날카롭게 하는 것같이 사람이 그 친구의 얼굴을 빛나게 하느니라"고 말하고 있다. '철이 철을 날카롭게 하듯이' 란 구절은 하나님 말씀대로 당신에게 권고할 수 있는 친구를 말한다. 그러므로 진정한 친구인지를 점검할 때마다 스스로에게 물어보라. "나와 친구 사이의 우정이 하나님께로 더 가까이 나아가도록 도와주고 있는가?"

남편은 좋은 친구였다, 그러나

남편과 나는 매우 좋은 친구였다. 우리는 항상 같이 다녔다. 우리가 처음 만났을 때는 친구로 출발했지만 결혼으로 이어지는 깊은 관계가 되었다. 그러나 내가 그리스도인이 되자 우리 관계는 마치 적과의 동침 같았다. 결혼하기 전에는 서로에 대해 좋은 점을 많이 알고 있었다. 나는 남편이 키가 크고 잘 생겼으며 좋은 직업을 갖고 있다는 것을 알고 있었다(당신이 독신여성 사역을 담당하고 있다면 결혼하기 전에 친구로 지내 보라고 권하라. 누구나 결혼하려는 남자를 잘 알고 싶을 것이다).

우리가 결혼했을 때는 남편도 나도 믿음이 없었기에 우리의 관심사는 세상에서 일어나는 일이 전부였다. 나 역시 영적인 가치를 깨닫지 못했다. 나는 남편이 좋은 사람이라고 생각하고 있었다. 남편은 유머 있고 사랑스러우며 근심이 없는 사람이었다. 또한 친절하고 다정다감했다. 이 모두는 존경스러웠고 나를 끌어당기는 점들이었다.

결혼 첫해 우리는 결혼 생활을 즐기며 다른 사람들을 만나는 데 많은 시간을 보냈다. 우리에겐 커플 친구들이 많아서 함께 야외 활동에 참여하고 여행도 다녔다. 우리는 항상 즐거웠고 늘 파티를 열거나 다른 파티에 참석하곤 했다. 늘 파티의 연속이었다. 이는 매우 소모적인 생활 습관이었다. 물론 그때는 그렇게 생각하지 않았다.

그런데 내가 주님을 받아들이고 모든 것이 변했다. 남편이 친구들을 집에 데리고 오면 나는 "이건 천국이 아니야. 너무 시끄러워. 말도 너무 거칠고. 실내에서 담배를 피우고 술을 마시다니"라고 불평했다. 우리는 친구들에 대해서 그리고 그들과 함께하는 활동이 우리에게 어떤 영향을 주는지에 대해서 자주 말다툼을 했다.

내가 남편의 친구들의 행동 가운데 가장 신경이 쓰였던 일은 남편을 밖으로 데리고 나가는 것이었다. 이것은 남편이 밖에서 그들처럼 행동한다는 것을 뜻했다. 믿지 않는 남편의 친구들은 남편이 그들과 동일하게 어울리기를 원했다. 남편과 나는 점점 생각의 방향이 달라졌으며, 말다툼이 잦아졌고, 하마터면 이혼까지 갈 뻔했다. 결국 나는 남편을 주님 손에 의탁해야 한다는 것을 깨달았다. 물론 나 자신도 마찬가지였다.

결혼 2년째 남편이 매일 친구들과 밖에서 어울리는 것 때문에 눈물로 보낸 해였다. 남편은 밖에서 즐기고 있었고, 난 집에서 "너무 괴로워. 이제 남편은 나를 사랑하지 않아. 다른 여자들은 남편과 외출해서 커플 행사에 함께 가는데 나는 집에 혼자 있어. 내 처지가 이게 뭐야"라는 우울한 생각에 빠져 있었다. 나중에서야 내 생각이 사실이 아니란 것을 알았다. 모든 사람이 모닥불 앞에서 붙어 앉아 즐거운 시간을 보내는 것은 아니다. 다른 많은 그리스도인들도 집에 혼자 있다는 것을 알았다.

그 다음 3, 4년 동안은 남편과 필사적으로 좋은 친구가 되기를 원했다. 나는 우리가 서로에게 최고의 친구가 되기를 원했던 것이다. 그러나 우리는 항상 서로 어긋나기만 했고, 동시에 관계회복을 위한 노력을 하지 못했다. 처음에는 결혼생활이 회복되기를 절실히 원했던 사람은 나 혼자였고, 남편은 친구들과 밖에 있었다. 나중에는 남편이 집에 와서 나와 함께 있으려 하지 않는다는 사실을 받아들이고 내 나름대로 친구들과 함께 시간을 갖기 시작하자, 남편이 집에 돌아왔다.

그때부터 우리의 역할은 뒤바뀌었다. 나는 언제나 나갈 준비를 하고 있었고, 그러면 남편은 집에서 "그럼 언게 돌아와?"라고 물었다.

나는 "쇼를 보러 갈 거예요. 그리고 저녁도 먹을 거고. 11시쯤 올 거예요"라고 답하곤 했다. 그때 "문제가 뭘까?"라고 생각도 했지만 나는 남편에 대한 방어심리로 바쁘게 나가 돌아다닐 계획을 짜기만 했다. 그러나 그것이 우리 결혼생활에 있어 다툼만 강화시킨다는 것을 곧 깨달았다.

우리는 점점 고통스러워졌다. 남편이 집에서 나와 시간을 함께 보내려고 하면 나는 밖에서 친구들과 어울리고 있었기 때문에 그는 내 친구들이 나의 가장 우선순위라고 여겼다. 얼마 뒤 나는 마침내 집에 있기로 결심했다. "우리 함께 주말계획을 세워요"라고 말했다. 남편의 첫 반응은 다소 냉소적이었다. "당신은 벌써 계획이 있는 거 아냐?" 그 당시 나는 주말마다 남편을 제외하고 친구를 만나러 나갔기 때문이다. 물론 과거에는 남편이 먼저 그랬다. 그러나 누가 먼저 그렇게 했느냐는 중요하지 않다. 앞으로가 중요한 것이다.

그리스도인이 된 이후 나도 교회에서 많은 시간을 보냈다. 교회에는 친구들이 많았고 매주 많은 모임에 참석하고 있었다. 결혼한 여성들에게 특별히 해주고 싶은 말이 있다. 분주한 교회의 사역을 멈추라는 것이다. 사역에 너무 많이 동참하지 말라는 것이다. 당신에게는 그럴 만한 시간이 별로 없다.

당신이 결혼을 계획하고 있다면 교회에서 안내하고 성가대를 섬기며 그 이외의 모든 사역에 참여할 필요는 없다. 이 모두는 엄청난 시간과 기도와 준비를 요구하기 때문이다. 하나님께서는 가정 사역을 위해서도 당신을 부르셨음을 기억하라. 당신에게 하나님을 모르는 배우자가 있다면, 당신은 예수님의 사랑을 보여 주는 살아 있는 모범이 되어야 한다. 당신이 항상 교회에만 있다면 가정에서 그리스도인의 모범이 될 수 없다.

나의 남편은 교회를 원망했다. 내가 모든 행복한 순간들을 교회에서 보냈기 때문이다. 나는 매일 교회에서 모든 에너지를 다 쏟아 붓고 지쳐서 돌아오곤 했다. 이런 내 옆에 남편이 무엇 때문에 있으려고 하겠는가? 내가 집에 돌아올 때면 너무 불쌍해 보일 정도였으니 나 같아도 내 옆에 있고 싶지 않았을 것이다.

집에 돌아와서 5-10분 정도 남편과 함께 시간을 보내면, 전화벨이 울려대곤 했다. 교회 모임에서 일어난 일에 대해 통화해야만 했다. 전화를 건 상대방은 그때의 감격을 나눠 주었다. 모임의 회장은 내가 내일 모임에 참석해서 보고할 준비가 됐는지 알고자 전화했다. 이렇게 해서 나는 집에 와도 한 시간 가량 통화를 해야 했다.

말할 필요도 없이 남편은 내가 전화할 때면 매우 조용했다. 단 한마디도 하지 않았다. 그런데도 난 내가 얼마나 오랫동안 그를 괴롭혔는지 알지도 못했다. "그는 내 문제엔 신경 쓰지 않아. 남편만의 세계가 있는 걸. 남편은 자기 일을 하면 그것으로 만족할 거야"라고 생각했다. 나중에 내가 변화되고 나서는 그때 내 행동이 잘못되었다는 것을 깨달았다.

또한 남편이 내 친구 몇몇을 좋아하지 않는다는 것을 알았다. 그들의 성격이나 개성이 문제가 아니라, 그들이 남편을 존중하지 않는다고 느꼈기 때문이다. 남편은 "당신들이 내 아내에게서 세 시간이나 빼앗았어. 왜 지금 전화를 해야 하는 거야? 나는 아내와 5분도 같이 있지 못하는데"라고 생각했을 것이다.

다음 물음에 답하면서 당신이 배우자의 삶 가운데 어디에 있는지 생각해 보라.

• 당신은 다른 사람과 밖에서 얼마나 시간을 보내는가?

- 전화통화를 하는 데 얼마나 시간을 보내는가?
- 배우자와 함께하는 시간을 얼마나 보내는가?

우정을 평가하라

당신의 친구들이 어떤 영향력을 미치는 사람들인지 신중히 생각해 보라. 결혼생활에 관계된 일을 그들과 함께하고 있는가? 그렇다면 그 이유는 무엇인가? 당신의 친구들은 어떤 특징을 갖고 있는가?

몇 년 전, 친구는 내가 매우 특별하다고 항상 생각해 왔던 것을 말한 적이 있다. 나는 친구에게 전화를 걸어 뭐가 특별하냐고 물었다. 그는 "지금은 정말 말할 수 없어. 내가 다시 전화할게"라고만 말했다. 하지만 나는 "무슨 문제가 있는 거니? 도움이 필요해"라고 끈질기게 물었다.

마침내 그녀는 "나는 아직 주님과의 시간을 보내지 못하고 있어. 그렇기 때문에 너와 시간을 함께할 수 없어"라고 말했다. 나는 "주님과 시간을 보내지 못한다고 나와도 이야기할 수 없다니, 너무 하잖아"라고 생각했다. 그래서 그녀에게 "우리가 전화한 뒤 조용한 시간을 가질 수 있을 거야"라고 말했다. 그러나 그녀는 "아니, 묵상시간은 너무나 중요해. 주님과 함께하는 시간은 정말 그래"라고 대답했다. 친구의 말은 옳았다. 우리가 주님과 시간을 함께하지 못한다면 그 누구와도 시간을 보내는 것이 옳지 않다.

우리 안을 세상의 것으로 가득 채우면, 우리는 다른 사람과 세상의 것을 나누게 된다. 즉 세상의 지식을 나눈다. 신문에서 읽은 것, TV에서 본 것, 혹은 최근의 화제 등을 나눌 것이다. 그러나 우리가 하나님의 임재 안에 거하면 우리는 그것을 다른 사람들과 나눌 것이다. 하나님의 지식, 지혜, 그리고 그분의 성품을 나누게 되는 것이다.

당신의 친구들도 하나님의 일과 관계된 사람임을 명심하라. 하나님의 일에 대해 알고 있는 사람은 당신이 부를 때 응할 것이다. 항상 명심할 것은 진정한 친구들은 당신을 주님 앞으로 가까이 이끌어 줄 사람이란 사실이다. 그러므로 친구들이 하나님의 세계와 반대되는 것을 말한다면 그들은 진정한 친구가 아닌 것이다.

내게는 삶에 매우 긍정적인 영향을 미친 친구가 두 명 있다. 내가 결혼생활로 힘들어하고 있을 때 그 친구들과 이야기를 나누고 기도할 수 있었다. 친구들은 내 상황을 자세하게 알려고 하지 않았다. 돌이켜보니 그들의 태도가 감사했다. 그 당시는 정말 나의 짐을 벗어 버리고 싶었기에 친구들은 그런 나의 마음을 이해해 주었다. 친구들은 내 시시콜콜한 이야기까지 다 들어 주었지만, 먼저 자세한 문제들을 물어오지는 않았다. 단지 그리스도인으로서 내 행동이 바른지에 대해서 늘 점검해 주었고, 지혜로운 방법들을 찾기 위해 함께 고민했다.

당신을 하나님의 세계로 이끌어 주는 친구를 갖는다는 것은 당신의 삶에 변화를 가져다 줄 것이다. 당신의 문제를 그냥 그대로 내버려두거나 고함치며 야단하는 친구들이 아니라 하나님의 말씀을 펴서 적합한 말씀을 찾게 이끌어 주는 친구들을 지녀야 할 것이다.

내가 항상 아내들에게 주의를 주는 것 가운데 또 하나는 친구들에게 남편의 결점을 얘기하지 말라는 것이다. 당신은 그 말을 하고서는 잊어버려도 다른 사람들은 그 이후에도 그 말을 오랫동안 기억할 것이기 때문이다. 대개 남편 때문에 화가 나고 기분이 상하면 곁에 있는 누군가에게라도 남편의 결점을 말하고 싶어한다.

그러나 이제 주님에게로 돌아가야 할 시간이다. 친구에게 전화를 걸어 "남편이란 사람이…"라고 말하고 싶을 때마다 깊은 숨을 쉬고 서 대신 하나님 앞에 서자. 그분이 당신이 이야기해야 하는 유일한 분 이다. 가장 가까운 사람들을 생각해 보고 스스로에게 질문해 보자.

- 이 사람들이 내 결혼에 있어 장애물을 만들고 있지는 않는가?
- 이 사람들은 주님의 일과 어떤 관계가 있는가?
- 혹시 그들은 "난 어쨌든 그가 정말 맘에 들지 않았어. 혹은 그가 얼마 전에 그랬을 때 난 정말이지 싫었어. 네가 그것을 참아낸다 는 것을 믿을 수 없어!"라고 말하는 사람들은 아닌가?

나는 내 남편을 지키고 싶었기에 많은 친구들이 참아왔던 것보다 더 많이 참을 수 있었다. 결혼생활을 하다 보면 아무 일도 일어나지 않는 날이 있고, 그런 날은 배우자와 함께 지내도 좋다는 생각을 갖는 다. 그러나 때로는 다툼이 매우 심해서 "내가 과연 해낼 수 있을까?" "이런 일이 가치가 있을까?" "이런 관계에서 내가 계속 있어야 하나?" 라고 의심하기도 한다. 그러나 당신이 진정으로 하나님을 믿고 그분 의 말씀을 믿는다면, 당신이 영적으로 성장하고 그리스도를 더 닮도 록 도전을 주시려고 배우자와의 관계를 사용하고 계신다는 것을 알 아야 할 것이다.

우정의 4단계

현재 내게는 아주 친한 친구가 한 명 있다. 그런데 예전에 자라면 서는 아주 많은 친구가 있다고 생각했다. 반대로 내가 세상에 있는 모 든 사람의 친구가 되어줄 수 있을 것 같았다. 그러나 이 사람들 모두가 친구는 아니었다. 내가 필요할 때 부를 수 있는 사람들이 아니었다. 그들은 그저 내가 알고 있는 사람들이었고, 인생의 여러 시점에서 다양하게 만난 사람들이었다. 다음의 표는 우정의 4단계를 보여주고 있다.

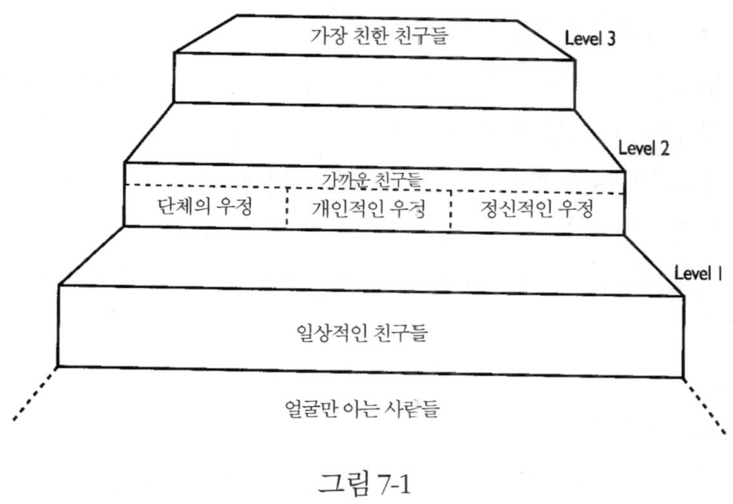

그림 7-1

친구와 우정: 제리와 메리 화이트의 『더 가깝게 나아가는 비밀』, 넵프레스 싱가폴(캐슬 서점 미국 독판. 네비게이토, P.O.Box 6819, 콜로라도스프링스, CO 80934,719.272.7410, castlebookstore@navigators.com).

■ 얼굴만 아는 사람들

전 세계 사람들과 모두 친구가 될 수는 없다. 아는 사람이 많다 하더라도 특별히 우정과는 아무런 관계가 없는 많은 사람들을 알고 있을 뿐이다. 통계를 보면 한 사람이 접하는 사람들의 수는 대략 500명에서 2,500명까지가 최대치라고 한다. 이 수는 매일 우리가 접촉하는 사람의 수를 바탕으로 한 것이다. 쇼핑몰이나 마켓, 은행, 직장, 버스, 혹은 자녀의 학교에서 보는 사람들을 생각해 보라. 이러한 사람들이 바로 얼굴만 아는 사람들이다. 당신이 지나치면서 자주 보는 사람들이다.

■ 일상적인 친구들

일상적인 친구들은 당신이 이름을 알고 정기적으로 만나는 사람들을 말한다. 통계를 보면 대략 50명에서 100명이다. 공동체에서 같이 일하는 사람들이거나 혹은 직장 동료가 이에 속한다. 직장 건물로 들어가면서 만나게 되는 사람들은 얼굴을 아는 사람들이다. 그러나 당신이 실제로 함께 일을 하는 사람들은 일상적인 친구들이라고 볼 수 있다.

■ 가까운 친구들

가까운 친구들이란 이름을 아는 정도 이상으로 당신에 대해서 잘 알고 있는 사람들을 말한다. 이 친구들은 당신의 목표나 포부, 믿음, 관심거리 혹은 소망과 선호하는 바를 알고 있다. 믿거나 말거나 통계에 따르면 가까운 친구들의 수는 30명에 이른다. 지금 내 생각에 당신에게는 가까운 친구들을 만들기 위한 경영기술이 매우 필요한 때다. 우정은 노력을 요구한다. 시간과 노력을 필요로 한다. 가깝고 오래 유지되는 우정은 그냥 우연히 만들어지는 것이 아니다. 활동을 함께하고 있는 사람들과의 관계를 친밀한 관계로 발전시킬 수 있다. 예를 들어, 클럽이나 기관 회원들이나 교회 소그룹에 속한 사람들이다. 당신에게 힘을 주거나 혹은 삶에 조언이나 도움을 주는 사람이 바로 가까운 친구다.

단체의 우정이란 단체, 혹은 조직, 위원회 등에서 생길 수 있는 관계를 말한다. 당신과 가까운 사람들 속에서 공통된 목표는 무엇인가? 그리스도인들에게는 모든 인간 관계에서 반드시 주님이 기초가 되어야 하고 목표가 되어야 한다. 주님의 뜻을 따르는 사람들과 함께함으로 그들에게 영적으로 도전받을 때 주님께서 우리의 중심이 되신다. 그러나 우리가 구원받지 못한 사람들과 함께할 때도, 그들이 주님의 사랑을 알도록 우리를 도와줄 수 있으므로 여전히 주님께서 우리의 중심이 되신다.

우리 모두의 마음에는 빈 자리가 있는데 그 빈 자리는 주님의 사랑으로만 채워질 수 있다. 따라서 구원받지 못한 사람들은 무언가 채워야 할 깊은 목마름을 갖고 있다. 그리스도인인 우리는 예수님의 사랑만이 그 빈 자리를 채울 수 있다는 것을 알고 있다. 그러므로 우리의 목표는, 구원받지 못한 친구들과 함께 있을지라도 항상 주님의 사랑을 나누고 그분의 사랑을 보여주는 것이다.

■ 가장 친한 친구들

가장 위의 단계는 바로 가장 친한 친구들이다. 이것이야말로 당신이 배우자와 나누고 싶어하는 이상적인 관계일 것이다. 불행하게도 서로가 최고의 친구라고 말하는 기혼 커플들은 많지 않다. 일부는 좋은 친구이고 다수는 꽤 가까운 관계다. 그러나 대부분 최고의 친구는 되지 못한다. 가장 친한 친구와는 깊이 간직한 비밀도 털어 놓을 수 있다. 당신을 이해할 수 있기 때문이다. 이 친구들은 무슨 일이 있더라도 당신 편을 들어 줄 것이다. 당신의 기쁨과 슬픔 모두를 이해해 준다. 당신에게 위로를 주는 존재다. 어떤 상황에서도 당신과 함께하길 원한다.

부부간에 서로를 판단하는 행동을 멈추라. 그리고 스스로를 평가하라. 당신과 배우자는 우정의 어느 단계에 있다고 말할 수 있는가? 자신과의 관계는 어느 단계에 있는가? 하나님과의 관계는 어느 단계에 있는가? 지금 당장 기도의 시간을 가지라. 당신의 우정의 관계를 다음 단계로 올릴 수 있기를 구하라. 또한 하나님께서는 당신의 결혼을 정상으로 올려놓으실 수 있음을 기억하라.

우정은 다른 모든 것을 대신할 수 있다

주님과의 관계가 다른 모든 것보다 가장 중요하다. 그분은 우리에게 부족함이 없으신 분이다. 그분은 우리의 구원이시고 우리의 힘이다. 당신이 그 표를 보고 하나님을 당신의 가장 친한 친구라고 생각한다면 그분은 측량할 수 없는 분임을 기억해야 할 것이다. 주님과의 관계는 부족한 다른 모든 관계를 대신할 수 있다. 하나님은 우리를 우정의 다음 단계로 이동시키실 수 있다. 그러므로 우리는 우선적으로 주님과의 관계를 발전시켜야 한다. 우리가 주님과 친밀한 관계를 갖지 못한다면 어느 누구와도 올바른 관계를 가질 수 없다. 주님께서 그 기초가 되셔야 한다.

우리에게 꼭 필요한 영적 관계는 시간과 노력을 필요로 한다. 우리는 그 관계를 키워 나가야 한다. 예수님께서는 우리 각자와의 교제 시간을 위해 기다리고 계신다. 그분은 우리가 그 안에 거하도록 충분한 시간을 두고 천천히 기다리고 계신다. 너무도 자주 우리는 "하나님께서 내 스케줄을 아셔. 나는 애가 다섯이야. 직장에도 가야 해. 난 이 일을 해야 해"라고 말하며 일상생활에 빠져든다. 따라서 주님께서 기다리고 계신 방을 바쁘게 지나치곤 한다. 주님께서는 두 팔을 펼치시며 "나도 너의 친구가 되고 싶단다. 와서 나와 함께 먹고 마시자"라고 말씀하신다.

당신은 기도와 성경공부를 통해 그분을 더 잘 알고자 노력을 하고 있는가? 주님을 무시하거나 너무 분주해지지 말라. 당신의 행동을 통해 "그냥 기다리셔야 할 거예요"라고 말하지 말라. 당신의 우선순위를 주님과 함께하는 데에 두라.

성경은

> **"많은 친구를 얻는 자는 해를 당하게 되거니와 어떤 친구는 형제보다 친밀하니라"(잠 18:24)**

고 말씀한다. 예수님께서는 우리와 다른 무엇보다 우선되는 관계가 되기를 원하신다. 또한 아버지 되신 하나님을 우리에게 알려주시기 원하신다.

예수 그리스도께서는 단지 우리 삶의 주인만이 아니다. 그분은 우리의 완벽한 친구다. 예수님의 삶의 행동과 원칙을 보면 어떻게 좋은 친구가 되어 주고, 좋은 친구를 만드는지, 또한 우정을 어떻게 정의할 수 있는지 알 수 있다.

예수님께서는 많은 사람과 만나셨다. 그분은 군중들과 이 세상을 잘 알고 계셨다. 그러나 예수님께서 세상에 계실 때 모든 사람들과 잘 지내신 것은 아니었다. 예수님께서는 바리새인과도 함께 시간을 보내셨지만 그들과의 관계가 우정은 아니었다.

예수님께는 또한 일상적인 친구들도 있었다. 성경은 예수님께서 이 마을 저 마을로 다니실 때 좇던 무리들에 대해서 말씀하고 있다.

예수님의 일상적인 친구들 가운데는 여자도 상당수 있었고(마 27:55-56, 눅 8:2-3, 23:27, 49), 70명의 제자들(눅 10:1-17), 군중들도 포함된다(막 3:9, 눅 8:45). 예수님 주위에는 이런 사람들이 늘 있었다.

한편, 예수님께는 12명의 친한 친구가 있었다. 바로 12사도들이다. 신약 성경을 보면 예수님과 열두 제자들에 대해서 수없이 말하고 있다. 이것은 예수님께서 이들과 얼마나 많은 시간을 보내셨는지 보여 준다. 예수님의 친한 친구는 단 12명뿐이었음을 기억하라.

이 12명 가운데서도 좀 더 가까운 사람들이 몇 명 있었다. 예수님의 가장 친한 친구가 누구였는지 알고 있는가? 예수님의 가장 친한 친구는 베드로, 요한, 야고보였다. 이 사도들과의 관계가 어떠했는지 성경은 말씀하고 있다.

"엿새 후에 예수께서 베드로와 야고보와 그 형제 요한을 데리시고 따로 높은 산에 올라가셨더니"(마 17:1).

"베드로와 야고보와 야고보의 형제 요한 외에 아무도 따라옴을 허치 아니하시고"(막 5:37).

예수님께서 따로 기도하러 가실 때 종종 함께했던 사람이 베드로, 요한, 야고보였다. 이들은 주님의 변화산상에도 함께 있었다. 복음서를 보면 예수님께서 12제자와 함께 어떻게 여행하셨는지 알 수 있다. 그리고 그때 예수님께서는 베드로, 야고보, 요한을 곁에 두셨다(막 9:2, 13:3, 14:33, 눅 6:14, 8:51, 9:28). 이 세 사람은 개인적인 대화나 교훈 때 종종 예수님께 불려갔다.

매우 친한 친구가 있다면 그들이 당신의 삶 속에서 베드로, 요한,

야고보 같은 사람인지 스스로에게 물어보라. 그들이 당신의 도전과 승리를 함께할 수 있는 사람들인가? 당신이 기뻐할 때 그들도 함께 행복해하는가? 당신이 어려움을 겪고 있을 때 지지나 혹은 기도를 부탁할 수 있는 친구들인가?

결론적으로 예수님께도 가장 친한 친구가 있었다. 또한 우리가 기억해야 할 것은 예수님과 아버지 되신 하나님과의 관계다. 그 관계는 모든 인간 관계에 우선한다(마 12:47-50, 눅 2:49). 우리를 향하신 예수님의 소망은 예수님께서 아버지와 하나이듯 우리가 그분과 하나가 되는 것이다. 이것이야말로 당신이 지닐 수 있는 가장 친밀한 관계다.

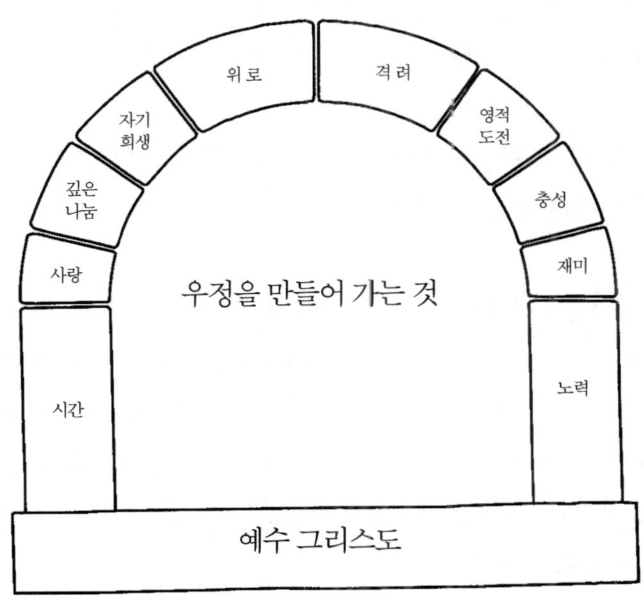

그림 7-2

"내 양은 내 음성을 들으며 나는 저희를 알며 저희는 나를 따르느니라 내가 저희에게 영생을 주노니 영원히 멸망치 아니할 터이요 또 저희를 내 손에서 빼앗을 자가 없느니라 저희를 주신 내 아버지는 만유보다 크시매 아무도 아버지 손에서 빼앗을 수 없느니라 나와 아버지는 하나이니라 하신대"(요 10:27-30).

우정의 벽돌 쌓기

아래 그림은 우정의 벽돌 쌓기를 보여주고 있다. 양쪽 기둥은 시간과 노력이고, 예수님께서 기초가 되신다.

배우자와 깊은 우정을 만들어 가려면 사랑, 깊은 나눔, 자기 희생, 위로, 격려, 영적 도전, 충성, 그리고 즐거움이 있어야 한다. 당신이 빠뜨린 것은 무엇인가? 어떤 부분을 더 발전시켜야 하는가?

하나님의 사랑—사랑을 벽돌이라고 생각한다면 그 사랑은 고린도전서 13장에 나오는 사랑을 기초로 해야 할 것이다.

"사랑은 오래 참고 사랑은 온유하며 투기하는 자가 되지 아니하며 사랑은 자랑하지 아니하며 교만하지 아니하며 무례히 행치 아니하며 자기의 유익을 구치 아니하며 성내지 아니하며 악한 것을 생각지 아니하며 불의를 기뻐하지 아니하며 진리와 함께 기뻐하고 모든 것을 참으며 모든 것을 믿으며 모든 것을 바라며 모든 것을 견디느니라 사랑은 언제까지든지 떨어지지 아니하나"(고전 13:4-8).

많은 사람들은 "네가 나에게 주는 것이 있으면 나도 줄게"라고 생각한다. 이러한 태도는 주고받기 신드롬의 일쿠다. 내가 생각한 사랑의 정의와 내 안에 있는 하나님의 사랑 사이에는 차이가 있었다. 남편의 친구들은 항상 우리 집에 오고 싶어 했다. 나는 그리스도인이었음에도 예수님의 사랑을 보여 주지 못했다.

남편의 친구들이 오면 남편을 향한 첫 마디가 늘 이러했다. "난 그 사람들 빨리 돌아갔으면 좋겠어. 술 마시고 시끄럽게 떠들고 잡담하는 것 듣고 싶지 않아." 우리 집에는 재떨이가 없었다. 그래서 언제나 남편은 친구들에게서 "이봐, 재떨이 어딨어?"라는 말을 들어야 했다. 나는 재빨리 "베란다에 있어요. 집안에서 담배를 피우면 안 돼요"라고 대답했다.

담배 냄새가 집안에 자욱하고 가구에 묻어나는 것을 견디지 못해서 담배를 피우지 말라고 한 것은 잘못이 아니다. 그러나 당신이 기분 나쁜 태도로 말을 하면 또 다른 메시지를 보내는 것이 된다. 즉 그것은 남편 친구들에 대한 반응인 것이다. 나는 내 집에서 담배를 피지 말라고 말할 때 상당히 오만한 태도로 말했다. "이곳은 하나님을 두려워하는 가정이에요. 그래서 우리는 담배 피는 것을 허락하지 않습니다."

나의 이런 대답에 남편 친구들은 아마 "이봐, 자네 와이프는 항상 저런 식으로 행동하나?"라고 귓속말을 했을지도 모른다. 당연히 그동안 남편은 친구들에게 자신의 아내가 무척 좋은 사람이라고 말했을 것이다. 교회에 나가는 아내, 또한 다른 사람에게 상담을 해주는 아내, 문제가 있는 사람들을 도와주는 아내이지만 남편 친구들이 집에 와서 만난 여자는 전혀 다른 사람이었을 것이다.

나는 남편이 그런 나를 지금까지 사랑해 준 것에 대해 주님께 감사한다. 나는 확실히 예수님께서 바라시는 그런 사람이 못 되지만 성장하고 있는 것은 사실이다. 몇 년 전에 나는 내 결혼생활의 어려움에 대해서 친구들과 이야기를 나눈 적이 있다. 그때 나는 이렇게 생각했다. '나는 참고 그와 같이 살고 있어.' 그러나 그것은 나의 큰 착각이었다, 곧 마음 깊은 곳으로부터 이런 소리가 들렸다. "넌 여전히 자부심이 가득하구나. 사브리나, 주님께서는 아직 너를 위한 많은 계획을 갖고 계셔. 네가 그와 함께 있기도 하지만 그가 너의 곁에 있어 주기도 하는 거야."

결혼을 다시 세우는 데는 2년이 걸렸다. 그리스도인으로서 나는 여전히 결점들을 갖고 있고, 아직까지 때로는 남편을 짜증나게 한다. 그러나 하나님의 사랑은 절대로 실패하지 않는다는 것을 잊지 말아야 한다.

> **"친구는 사랑이 끊이지 아니하고 형제는 위급한 때를 위하여 났느니라"**
> (잠 17:17).

언제나 친구의 우정이 중요한 것은 모든 것이 항상 좋지만은 않음을 우리가 알기 때문이다. 어려운 일이 닥쳤을 경우 당신이 아는 사람들을 어디에서도 볼 수 없을 때가 있다. 그러나 당신의 친구들은 그때 바로 당신 옆에 있어 준다. 그들은 상담과 조언, 그 이외의 모든 방법으로 당신을 도울 것이다.

그러므로 당신이 배우자에게 보여주고 싶은 사랑은 고린도전서 13장에 말씀을 기초 삼아야 함을 기억하라. 당신도 예수님의 사랑을 남편의 친구들에게 보여줘야 한다.

깊은 나눔 : 진정한 친구는 상황에 따라 적절한 조언을 해주는 사

람이다. 또한 당신이 기꺼이 그대로 따를 수 있는 사람이다. 그러나 모든 사람이 이런 친구가 될 수는 없다. 너무나 많은 사람들이 깊은 나눔이나 우정에 관해서 말한다. 깊은 나눔을 위해서는 서로 투명해야 하고, 서로의 삶을 향한 주님의 뜻에 대해 나눌 수 있어야 한다.

나눔에서 우리가 어떻게 느끼는가브다 하나님께서 우리의 감정과 상황에 어떻게 응답하시는가가 중요하다. "하나님께서 나에게 기다리라고 말씀하시는 걸까, 아니면 앞으로 나아가라고 말씀하고 계신 걸까?" "깊은 묵상 속에서 하나님께서 어떤 특별한 말씀을 하셨는가, 나는 주님께 받은 통찰력을 나누길 원하는가?" 이러한 질문이야말로 우리에게 필요한 나눔의 형식이며, 영적으로 성장하는 사람들의 바람직한 나눔이다.

자기 희생 : 어떠한 관계를 만들어가기 위해서는 희생이 뒤따른다. 당신이 평상시에는 하지 않는 것도 해야 할 때가 있다. 하나님께서는 당신의 마음을 알고 계신다. 그분께서 상관하시는 것은 겉모습이 아니라 사람의 속마음임을 기억하라(삼상 16:7).

처음 구원받았을 때 나는 전속력을 내어 그리스도인의 삶으로 나아갔다. 과거에 남편과 함께 갔던 장소는 절대로 다시 떠올리지 않았다. 그곳은 구원받지 못했을 때의 옛 습관을 상징했기 때문이다. 그리고는 '그리스도인은 교회에 가야 해. 병원에 있는 사람들도 방문해야 하고, 새 이웃에게 쿠키도 가져다 주어야지. 지금은 남편과 공원에 갈 수 없어. 시간 낭비거든' 이라고 생각했다. 그 이후 나는 그리스도인과 그리스도인다운 행동으로만 이루어진 벽을 세우기 시작했다.

이러한 나의 왜곡된 그리스도인으로서의 삶이 바뀌기 시작한 것은 가정에서 하나님의 증인이 되어야 함의 중요성을 깨달은 이후였다.

그 이후에는 구원받지 못한 남편과 더 많은 곳에 기꺼이 가야 함을 알
게 되었다. 그래서 스포츠를 별로 좋아하지 않았지만, 남편을 위해 야
구장, 농구장 등에 커플로 다니기도 했다. 그리고 미식 축구경기장에
도 갔다. 도박을 좋아하지도 않을 뿐더러 돈을 벌고 싶은 마음도 없었
지만 내가 남편과 함께 할 수 있는 활동이기 때문이었다. 미식 축구경
기장에서는 다른 커플도 만났는데, 그가 좋아하는 사람들이었다.

매주 우리는 테이블에 앉아 웃으며 여러 가지 이야기를 나누었다.
나는 남편의 관심사에 공감대를 갖기 위해 노력했다. 나의 관심사는
아니었지만 스포츠 선수들에 대해서 이야기하려고 일부러 TV로 게
임을 시청하기도 했다. 나의 목적은 남편과의 관계를 새로 세우고 남
편과 시간을 함께 보내는 것이었다.

성경은 우리에게

**"형제들아 너희가 자유를 위하여 부르심을 입었으나 그러나 그 자유로
육체의 기회를 삼지 말고 오직 사랑으로 서로 종 노릇하라"(갈 5:13)**

고 가르치신다. 지금 당신의 희생이 요구되는 것이 무엇인지 생각
해 보라.

격려 : 당신은 어떻게 배우자를 격려할 수 있는지 배워야 한다. 우
리 모두에게는 그리스도의 사랑으로만 채울 수 있는 마음의 빈 자리
가 있음을 기억하라. 배우자가 갖고 있는 여러 다양한 관계들에 대해
서 생각해 보라. 직장에서의 상사 및 동료들, 체육관이나 여가 활동으
로 보내는 장소에서 만나는 사람들, 친구들 등. 이 모든 사람들과의
관계가 배우자의 삶의 빈 자리를 메워 주고 있지는 않은가. 그들과의

관계가 배우자가 필요로 하는 사랑과 존경을 충족시키고 있지는 않은가.

당신의 빈 자리 역시 무엇으로 채워지고 있는지 주의해야 한다. 어느 한 가지가 크게 자리를 잡고 있다면 그 밖의 다른 것은 들어갈 수가 없다. 당신의 배우자가 채우고자 하는 사랑과 격려를 당신이 도울 수 있다. 배우자의 욕구를 충족시킬 수는 없지만 배우자가 설 수 있도록 격려할 수 있다.

성경 말씀을 보면 우리를 부르신 이유가 서로를 북돋우기 위함임을 알 수 있다. 그리고 이것이 당신이 배우자를 위해 할 수 있는 일이다.

"이러므로 우리가 화평의 일과 서로 덕을 세우는 일을 힘쓰나니"(롬 14:19).

"그러므로 피차 권면하고 피차 덕을 세우기를 너희가 하는 것같이 하라"(살전 5:11).

가능한 모든 방법으로 배우자를 격려하라. 그의 여비서같이 남편이 얼마나 멋있는지, 얼마나 지적인지, 얼마나 뛰어난 생각을 가지고 있는지 칭찬하라. 누구나 남편을 칭찬하고 그가 하는 일을 격려할 수 있다. 그러나 아내로서 배우자가 일어나도록 돕고 싶은 마음으로 하는 것이 중요하다.

내가 남편을 진심으로 격려하기 시작했을 때 놀라운 반응이 일어났다. 매우 놀랍게도 남편이 자기에게 무슨 일이 있었는지 말하기 위해 나에게 다가오기 시작한 것이다. 그는 나의 격려에 고마워했다. 처음에는 연습이었다. 나는 데니스와 바바라 레이니가 쓴 〈당신의 배우자의 자존심을 세우라〉는 책을 읽고 그렇게 하기 시작했다. 그것은 좋은 책이었고, 나는 그 가운데 몇 가지 원칙을 시도하였다. 아마 남편의 즉각적인 변화가 없었더라면 그 책을 집어던져 버렸을 것이다. 그러나 내가 예상한 몇 가지 변화가 보이자 "와우, 정말 효과가 있네" 하며 계속 남편을 격려했던 것이다.

남편은 내가 새 책을 읽거나 세미나에 갔다 오면 늘 알아채곤 했다. 왜냐하면 결혼생활 가운데 새로운 멋진 아이디어와 기술들을 잔뜩 갖고 왔기 때문이다. 그러나 남편은 기대감을 가진 것이 아니라 나를 지켜보기 원했다. 남편은 몇 년 동안 나의 새로운 행동이 얼마나 오래 가는지 지켜보았다. 나중에 남편은 얼마나 내가 꾸준히 실천하는지 보려 했음을 인정했다.

나는 새로 배운 것을 남편과의 관계에 적용하려고 했지만 그가 아무 반응을 보이지 않자 낙담하기 시작했다. 그러나 하나님께서 나에게 확신을 주셨고, 곧 이것은 단지 세상적인 기술이 아님을 알게 되었다. 오히려 더욱 성경적인 방법들이었다. 하나님의 말씀은 헛됨이 없다.

"내 입에서 나가는 말도 헛되이 내게로 돌아오지 아니하고 나의 뜻을 이루며 나의 명하여 보낸 일에 형통하리라"(사 55:11).

나는 상대방이 변화되는 것과 상관없이 하나님의 말씀을 항상 의지할 수 있다. 그것은 곧 자기 희생을 뜻하는 것으로서 바로 고린도전서 13장에 나오는 사랑이다. 그러므로 스스로에게 질문해야 했다. "어쨌든 내가 그 말씀을 순종하고 있기는 한가?"

배우자를 끈기 있게 격려하는 모든 일은 그리스도를 위해 이루어 져야 한다. 당신의 배우자는 당신이 그리스도를 섬기는 것만으로도 유익하다. 즉, 당신이 남편과의 관계 속에서 주님을 기쁘시게 하기를 원하기 때문에 하나님께서 남편을 축복하실 것이다. 하나님만이 속 사람을 변화시키실 수 있다.

히브리서 3장 13절은 우리가

"오직 오늘이라 일컫는 동안에 매일 피차 권면하여 너희 중에 누구든지 죄의 유혹으로 강팍케 됨을 면하라"

고 되어 있다. 우리가 매일 서로를 위해 격려해야 한다는 것은 흥 미로운 사실이다. 당신의 결혼생활이나 우정에 대해 생각한다면 스 스로에게 물어보라. "오늘 나는 배우자와 친구를 격려했는가?" 성경 은 우리가 매일 다른 사람들을 격려해야 한다고 말씀하고 있다.

우정이란 다른 누군가가 우리를 위해 무엇인가를 해야 하는 것이 라고 생각하는 사람들이 많다. 그러나 다른 누군가에게 무엇인가를 바랄 때마다 위를 쳐다보아야 한다. 그리스도만이 우리의 빈 자리를 채울 수 있기 때문이다. 우리는 우정의 정의를 재정립해야 한다. 우리 가 다른 누군가를 위해 무엇을 할 수 있는지 생각하는 것이 우정이다. 그들에게 우리는 무엇을 줄 수 있는가 생각해야 한다.

배우자는 당신의 가장 가까운 친구이기에 매일 격려해야 하고 또 한 그 격려를 지속해야 한다. 당신의 격려가 어떤 효과를 가져다줄지 당신은 알지 못한다. 당신이 하나님의 의지 안에 있음을 알고 평안한 마음을 지녀라. 그 결과도 하나님 안에 있다.

위로 : 위로는 육체적인 위로 이상을 말한다. 즉 정신적인 위로를 포함한다. 당신이 먼저 대화를 시작할 수 있다. 나는 시사에 매우 약하다. 그러나 남편은 나와 반대로 세상에서 일어나는 일에 관심이 많다. 남편은 세상에서 일어나는 모든 일을 알고 있는 것 같았다. 남편과 대화하려면 최소한 세상에서 무슨 일이 일어나고 있는지 대충이라도 알고 있어야 했다. 그렇지 않으면 우리는 서로 다른 세상의 이야기를 할 수밖에 없다. 사실 나는 교회 활동에 대해서 이야기를 하고 싶었다. 내가 무엇을 계획하고 있는지, 내 강연회 장소는 어디인지, 서점이나 다른 사업소에서 무슨 일이 있는지 등을 말이다. 그러나 남편은 국제정치나 스포츠에 대해 이야기하고 싶어했다.

대화를 시작하기 위해서는 각자 상대방의 세계로 들어가야 한다. 또한 상대방의 이야기를 들으며 적절한 반응으로 이야기를 계속하도록 북돋아 주어야 한다. 정신적인 위로가 가정에서 이루어지지 않으면 결혼한 남편이나 아내는 종종 그것을 다른 장소에서 찾게 될 것이다.

영적 도전 : 당신의 배우자가 구원을 받지 못했어도 배우자를 영적으로 격려할 수 있다는 것은 흥미로운 일이다. 구원받지 못한 사람 중에도 좋은 사람들이 많이 있다. 그러나 좋은 사람이라는 이유가 그들을 하나님을 두려워하는 사람으로 만들어 주는 것은 아니다. '하나님께서 남편의 삶 속에서 진짜로 하고 계시는 일이 무엇일까? 라는 의문이 일어났다. 내가 남편을 판단하기를 멈추자 예수님의 시각으로 그를 볼 수 있었다.

남편이 참여할 수 있는 교회 일에는 어떤 것들이 있을까 생각하게 되자, 하나님께서 남편의 삶 속에서 역사하고 계심을 알게 되었다. 매

순간 희미한 희망으로 '그가 구원을 받았는데, 나에게 말할 기회를 찾고 있는 건 아닌지 궁금하다'고 생각했다. 왜냐하면 때때로 남편이 매우 친절했기 때문이었다.

남편은 내가 만난 사람 가운데 가장 생각이 깊은 사람이다. 남편은 천성이 온화한 사람이다. 그러므로 그가 영적으로 도전을 받도록 확실하게 남편을 격려해야 했다. 예를 들어, 남편이 직장 일이나 어떤 일에 대해 자신의 입장을 이야기를 할 때면, 나는 "하나님께서 그곳에 계셨더라도 당신은 여전히 그렇게 할 거예요?"라고 물었다. 그러면 남편은 "글쎄, 하나님께서도 이해하시겠지"라고 대답했다. 그러면 나는 다시 "그분께서 정말로 그러실까?"라그 되물었다. 이렇게 해서 영적인 일에 대해 이야기할 수 있는 기회가 종종 주어지곤 했다.

나는 경험을 통해 말씀을 남편의 입에 억지로 넣는 것은 남편이 영적으로 도전을 받는 데 있어 좋은 방법이 아니라는 것을 깨달았다. 성경은 우리에게

"서로 돌아보아 사랑과 선행을 겨려하며"(히 10:24)

라고 말씀하신다. 세심하고 적절한 도전과 격려를 통해 어떻게 우정을 만들고 배우자의 관계를 세워 갈지 생각해 보라.

충성 : 전에 언급했듯이 충성스런 친구는 잡담을 거부한다. 남편에게 충성하는 것 중의 하나는 남편의 결점을 말하지 않는 것이다. 친구들에게 남편의 단점을 줄줄이 말하는 것은 좋은 생각이 아니다. 당신이 계속 그렇게 해왔다면 당신이 남편에게 얼마나 사랑을 받고 있는지, 남편이 얼마나 멋진 사람인지 이야기해드 친구들은 그 말을 곧

이곧대로 받아들이지 않을 것이다. 전에 당신이 늘어놓은 남편의 결점들이 그들의 머리에 남아 있기 때문이다. 그들은 오히려 "어떻게 그런 사람과 함께 지내니?" 혹은 "왜 그와 함께 있는 거야?"라고 물을 것이다. 그러므로 친구들에게 남편의 결점을 말하지 말라.

갈라디아서 6장 2절에는 "너희가 짐을 서로 지라 그리하여 그리스도의 법을 성취하라"고 쓰여 있다. 흥미롭게도 성경은 다른 사람의 짐을 지라고 특별히 언급했다. 용어 풀이를 보면 '짐'이란 커다란 돌과 같은 뜻이다. 매우 무거워서 사람이 혼자서 들 수 없다. 따라서 옆에서 그들을 도울 사람이 필요하다. 친구가 얼마나 진실로 충성스러운가 알아보기 위해서는 스스로에게 물어보라. 이 친구가 기꺼이 내 삶의 짐을 들어 줄 친구인가?

때때로 우리가 다른 사람의 짐을 지고 있는지, 혹은 그들의 짐을 들어주고 있는지 스스로에게 물어보아야 한다. 당신에게 짐을 들어달라고 요청하는 사람들은 많이 있다. 그들의 요청은 "오늘은 짐을 들고 싶지 않아, 자 네가 그것을 들어"라고 말하는 것과 같다. 그리고 나면 모든 사람을 위해 주변을 뛰어다니고 있는 자신을 발견하게 된다. 그것은 진정으로 서로의 짐을 지는 것이 아니다.

우리는 충성스런 친구와의 우정을 돈독히 해야 하며, 스스로 그런 친구가 되어야 한다. 충성스런 친구는 당신에게 짐을 주었다가도 다시 가져갈 것이다. 그 친구는 당신의 삶의 짐을 옮기도록 도와줄 것이다. 혼자 감당하기 어려운 삶의 무게에 눌릴 때가 있기 때문이다.

즐거움 : 마지막으로 우정에는 즐거움이 있어야 한다. 즐거움을 누리는 것이 성경적이란 것을 알고 있는가? 나는 입 밖으로 소리를 내어 웃지 않는 사람들과 부딪쳐 왔다. 나는 웃음이 없는 삶은 상상할

수도 없다. 최소한 하루에 한번은 크게 웃는다. 심지어 나 혼자 있을 때도 말이다. 지금도 뭔가에 자극되어 웃음이 터질 지경이다.

웃음은 몸에 좋은 약과 같다고 성경은 말하고 있다(잠 17:22). 다른 사람들과의 관계를 발전시켜 나갈수록 스스로가 건강해야 한다. 그 러므로 많이 웃어라. 사람들이 우리에게 웃음을 가져다주기를 기다 려서는 안 된다. 우리가 그들에게 웃음을 주어야 한다. 좀 더 가볍게 사는 태도가 필요한 사람들이 있다. 사람들은 자주 노래를 한다. "이 날은 주가 지으신 날일세. 기뻐하고 즐거워하세." 당신이 기뻐하고 즐거워하고, 당신이 흥분하고 행복해하며 재기있고 즐거운 시간을 보내는 것이 바로 당신 주위에 있는 사람들을 축복하는 것이다. 하나 님을 향한 당신의 열정이 전염성을 갖기 때문이다.

아마도 나는 가장 심각한 사람이 아닌가 싶다. 누구도 진흙탕 속에 빠져 있고 싶어하지 않는다. 다른 사람들이 당신을 볼 때마다 삶의 무 게가 느껴진다면 이제 좀 더 가벼워져야 한다. 특히 가정에서는 더욱 그래야 한다. 반드시 지금보다 가벼워져서 배우자와 함께 즐거운 시 간을 보내야 한다. 당신의 배우자가 당신의 진지함이나 그늘진 모습 을 너무 자주 발견해서는 안 된다. 당신 곁에 있으면 즐겁기 때문에 함께 좋은 시간을 보낼 수 있고, 그래서 당신 곁에 있고 싶어해야 한 다. 당신과 배우자 모두 함께 즐거운 시간을 누리기를 바란다.

우리 모두 이렇게 기도하자.

Prayer

"사랑의 주님, 나의 배우자를 가장 귀중한 친구로 삼도록 나를 가르치옵소서. 우리의 친밀함이 육과 영과 혼을 하나로 만들 때까지 서로에게 좋은 친구로 성장하게 하소서. 주님께서 서로를 만나도록 계획하신 삶 속에서 필요한 부분들을 알게 하소서. 서로 투명한 관계가 되도록 도와주소서. 또한 우정에 관한 분별력을 주시고 누구보다 배우자와 가장 귀중한 우정을 키워갈 수 있도록 하소서. 예수님의 이름으로 기도합니다. 아멘."

CHAPTER
8
배우자와 나눌 수 있는 것들

8 배우자와 나눌 수 있는 것들

하나님께서는 우리를 너무 사랑하셔서 그의 외아들을 우리에게 주셨다(요 3:16). 그래서 우리가 무엇인가 느낄 수 있도록 하셨다. 도저히 사랑할 수 없는 우리에게 하나님께로 나아갈 수 있는 길을 열어 주셨다. 우리가 아직 죄인 되었을 때에 그리스도께서 우리를 위하여 죽으심으로 하나님께서 우리에게 대한 자기의 사랑을 확증하셨다(롬 5:8).

하나님께서 우리에게 사랑을 주신 것처럼 우리도 조건 없는 사랑을 주어야 한다. 하나님의 엄청난 사랑을 받고 그 사랑으로 죄를 용서받은 우리는 너무 쉽게 남편을 심판한다. 우리는 사랑할 만한 가치가 있어 보일 때만 사랑한다고 말한다. 남편이 우리의 사랑을 얻도록 기다리는 동안 어리석게도 우리 손으로 가정을 허물고 있다.

"무릇 지혜로운 여인은 그 집을 세우되 미련한 여인은 자기 손으로 그것을 허느니라"(잠 14:1).

남편과 우정을 세워 가고 있는 것처럼 하나님의 사랑으로 가정을
세우라.

물질적인 것과 영적인 것을 주라

당신이 남편에게 뭔가를 준다면 물질적인 것과 영적인 것이 필요
하다. 당신과 배우자는 하나님께서 결혼을 위해 계획하신 육체적 사
랑과 하나님의 사랑을 공유할 수 있다.

고린도전서 3장 16절은

**"너희가 하나님의 성전인 것과 하나님의 성령이 너희 안에 거하시는 것
을 알지 못하느뇨"**

라고 묻고 있다. 우리 안에 거하는 하나님의 성령을 갖고 있다고
진실로 믿는다면, 우리가 어떠한 곳에 가든지 하나님의 임재 안에 있
음을 알아야 할 것이다. 그분께서는 당신의 영혼을 사랑하고 계신다.
당신이 사랑받는다고 느꼈다면 다른 사람에게 나눠 줄 뭔가를 가지
게 된 것이다. 그것을 나누기 위해서는 당신의 삶 속에서 하나님의 사
랑을 품고 느껴야 한다. 그 사랑을 소유했다면 나눌 수 있다. 당신이
하나님과 함께하는 시간을 갖지 못했다면 사람들과의 갈등 차제를
회피하고 만다. 그래서 누군가를 사랑할 수도 없고 다른 어떤 이에게
도 사랑을 주지 못한다.

나는 풍요로운 삶을 위한 상담센터에서 일하고 있는 전문 상담가
다. 나의 목표는 하나님의 사람들이 풍요로운 삶을 살도록 도와주는
것이다. 나에게 '풍요로운 삶'이란 결혼에서의 풍요도 포함된다. 그

래서 나를 찾아오는 사람들에게 결혼생활에서 더 많이 바라고 기대하라고 격려한다. "왜 당신은 최고의 성을 나눌 수 있을 때만 관계를 가지십니까. 그럴 때만 사랑을 할 수 있는 건가요?" 단순히 섹스만 하는 것과 사랑하는 것에는 차이가 있다. 사랑을 나누면 남편은 당신에게서 흐르는 하나님의 사랑을 느낄 수 있어야 한다.

만약 당신이 성경에서 말하는 성적인 의무나 행동을 그냥 따르기만 한다면 최고의 섹스가 아닐 수 있다. 그러나 하나님의 말씀은 진리다. 고린도전서 7장 3-5절을 보라.

> "남편은 그 아내에 대한 의무를 다하고 아내도 그 남편에게 그렇게 할지라 아내가 자기 몸을 주장하지 못하고 오직 그 남편이 하며 남편도 이와 같이 자기 몸을 주장하지 못하고 오직 그 아내가 하나니 서로 분방하지 말라 다만 기도할 틈을 얻기 위하여 합의상 얼마 동안은 하되 다시 합하라 이는 너희의 절제 못함을 인하여 사단으로 너희를 시험하지 못하게 하려 함이라."

우리의 절제력이 부족하다고 성경에서 직접 말씀하고 있는 것이 흥미로웠다. 그리스도인으로서 혼전 성행위와 혼외 성행위가 왜 그토록 사회에 만연한지 궁금했다. 성경은 그 이유를 우리의 절제력이 부족하기 때문이라고 분명히 말씀하고 있다. 우리 중에도 많은 사람들이 배우자가 필요로 하는 부분을 빼앗고 있다. 절제력이 부족하기 때문이다. 스스로에게 이렇게 질문하라. '나는 진실로 내 결혼생활에 진지한가?' 당신이 진지하다면 배우자의 필요한 부분을 빼앗지 않을 것이다.

좋은 태도를 보이라

나는 결혼에 대해서 진지하게 생각해 왔다. 나는 남편을 사랑함에 있어서도 진지하고, 남편을 기분 좋게 하려는 데도 진지하다. 또한 내가 하나님을 얼마나 사랑하는지 남편이 알고, 하나님을 향한 나의 사랑이 남편에게 변화를 만들어낼 것이라는 사실을 남편이 이해하고 있는지의 여부도 진지하다. 나는 섹스할 때도 진지하다. 내가 조세와 사랑을 나누고 있을 때면, 남편은 내가 하나님의 임재 속에 있음을 알게 된다. 어떻게 그가 알 수 있을까? 그것은 우리가 사랑을 나눌 때면 하나님의 사랑과 남편을 향한 나의 사랑을 그에게 보여 주기 때문이다.

한 부부가 상담하러 온 적이 있다. 아내는 남편에게 매우 화가 나 있었다. 여자의 태도는 매우 험악했다. 그녀의 목소리 톤에서 그것을 확인할 수 있었다. "나는 그와 섹스를 하려고 했어요. 그에게 다가가기도 했죠. 그는 뻔뻔스럽게도 몸을 구푸리며 나에게 키스를 하고는 말했죠. 여보, 고맙지만, 안돼. 당신을 귀찮게 하고 싶지 않아"라고요.

나는 그녀의 남편을 바라보고는 물었다. "왜 그것이 귀찮은 거지요?" 그러자 그는 "제 말좀 들어보세요"라고 했다. "최근 3개월 동안 아내는 내가 다가갈 때마다 귀찮아했어요. 최소한 서른일곱 번 정도요. 그녀는 늘 그런 태도였지요. 난 아내에게 가까이 가고 싶지 않았어요. 어떤 밤은 너무 덥다고 하고, 어떤 때는 너무 춥다고 했어요. 또 어떤 때는 너무 이르다고 했어요. 꽤 늦은 시간이었는데 말이에요. 그리고 애기가 깨면 안 된다고 하거나 아이가 소리를 들을까 걱정된다고 말했죠. 또 아직 목욕을 안 했다고 핑계를 대거나 혹은 지금 막 목욕을 했기 때문에 더러워지는 게 싫다고도 했어요." 그는 또 "모든 것이 아내에겐 너무 귀찮은 일이었지요. 그래서 나 역시 그녀를 귀찮게 하고 싶지 않았던 거예요"라고 말했다.

나는 그의 아내에게 물었다. "이제 제가 이해할 수 있도록 말씀해 주세요. 당신이 남편에게 화가 났기 때문에 남편을 상담소로 데려온 건 아닌지요? 남편이 키스하면서 '고맙지만 안 돼'라고 말해서 화가 났나요?"

그녀의 요구를 무시하면 안 되는 것, 그녀의 불평은 이것 하나였다. 많은 여자들이 사랑을 하게 되면 이 같은 일로 목소리를 높인다. 외부적인 요소를 무시할 순 없지만 효과적인 대화법이 있다(6장을 보라). 그녀에게 자신의 걱정은 당연한 것인 반면, 남편의 태도는 받아들일 수 없는 것이었다.

불행하게도 많은 아내들이 섹스를 원하는 남편에게 똑같은 태도를 보이고 있다. "그건 너무 귀찮은 일이야. 모든 책임을 내가 져야 해?" 그러나 성경은 당신의 몸이 당신에게 속한 것이 아니라고 말씀하고 있다. 남편의 것을 빼앗지 말라. 남편과 섹스를 하는 것은 남편에게 사랑을 주는 것이고, 서로의 섬김이다.

배우자에게 성적인 만족감을 주라

남편과 사랑하는 동안 깨달은 것 가운데 하나가 바로 섹스는 남편을 위해 기도할 수 있는 중요한 기회가 된다는 것이다. 나는 내 손을 그의 몸 전체에 대면서 몸의 부분마다, 즉 머리부터 발끝까지 축복을 한다. 또 남편의 몸에 오일을 발라 주며 기도한다. "주님, 남편을 축복하고 지켜 주세요. 남편이 젊었을 때 아내의 모습을 잊지 않게 해주세요."

남편이 언제까지나 나를 사랑하기 원한다. 난 언제라도 그를 거절하지 않는다. 내가 가장 피곤해서 그를 거절할 때는 아마도 죽을 때가 아닌가 싶다. 우리는 자신의 몸을 쳐서라도 복종시켜야 한다. 자신의 육체를 올바로 사용해야 한다. 왜냐하면 내 육신은 내 것이 아니기 때문이다. 내 몸은 남편의 것이다.

"나와 결혼해 줘요"라는 청혼의 말은 언제 들어도 멋진 말이다. 그러나 그 이후가 중요하다. 내 생각에 대부분의 사람들이 배우자에게 너무 많은 것을 요구하는 것 같다. 이때 상대 배우자는 갈등할 수 있다. 그러나 성경은 배우자를 거절하지 말라고 말씀하고 있다. 그렇지 않으면 남편은 절제심의 부족으로 유혹에 빠지고 말 것이다.

집 안을 깨끗이 청소하라

기본으로 돌아가 보자. 어떤 남편들은 집에 왔을 때 아내가 막 집에 돌아와 청소를 해 놓은 것으로도 축복받은 느낌을 갖는다. 글렌 제프펠 박사가 쓴 〈그도 이기고, 그녀도 이긴다〉라는 책이 있다. 저자는 남자들의 기본적인 필요를 기술했다. 그중의 하나는 집안을 깨끗한 상태로 유지하라는 것이다. 상황에 따라 다른 사람을 고용해서 할 수도 있다. 그러나 청소를 하되 그것으로 불평하지 말라. 이것은 당신의 남편이 직업을 갖고 당신을 책임지는 일과 같다. 남편이 당신에게 필요한 것들을 제공해 준다면 아내로서 당신은 집을 깨끗이 청소해야 한다.

몇몇 사람들은 "글쎄요. 내가 좀더 새 집에 산다면 청소를 지금보다 잘할 수도 있을 것 같아요. 하지만 지금 사는 집은 구석구석 잡다한 물건이 너무 많아요"라고 말할지도 모른다. 그렇다면 잡동사니를 치워 버려라. 퇴근해서 돌아온 남편에게 깨끗하고 정돈된 집 안 분위기로 맞이하는 것만으로도 남편을 축복할 수 있다. 집에 들어설 때 모든 것이 정리되어 있는 집 안을 보고 난 후 남편의 태도가 어떻게 달라지겠는가? 상상만 해도 즐거운 기대감이 들지 않는가. 한번 시도해 보고 어떤 변화가 있을지 지켜 보라.

물론 현대 사회에서는 이러한 가정의 개념이 낡은 것임을 알고 있다. 직장에 다니는 아내들이 점점 늘어나고 오히려 가사 일을 맡은 남편들도 있다. 각자의 집안에 적합한 일을 하라. 저자의 의도는 여러분 각자가 그리스도의 사랑이 나타날 수 있도록 집안을 돌보라는 의미다.

놀이 파트너가 되라

상담하다 보면 아내들의 가장 공통된 불평이 "남편이 날 사랑하지 않아요" "나하고 이야기하지 않으려고 해요", 혹은 "나와 말이 안 통해요" 등이다. 그러나 남편들은 의사소통이 꼭 필요한 것처럼 보이지 않는다. 남편들은 함께 놀 누군가를 찾고 있다. 즉 놀이 파트너를 구하고 있는 것이다.

많은 아내들은 야외 활동을 좋아하지 않는다. "나는 운동이 싫어요. 골프에도 취미 없어요. 등산도 좋아하지 않아요. 남자들이 하는 놀이는 싫어요." 그러나 남편은 같이 놀아 줄 짝을 찾고 있다. 그가 당신과 함께 놀지 않는다면 다른 누군가와 함께하려고 할 것이다.

앤은 미구엘이 가장 좋아하는 운동이 미식축구라는 걸 알고 있었지만 그와 함께 게임을 보러 가지는 않았다. 어느 일요일 오후, TV에서 경기가 진행되고 있었고 그녀는 우연히 터치다운 플레이를 보게 되었다. 그날 남편은 아무 말도 하지 않았지만, 며칠 후 "난 당신이 나와 함께 게임을 즐기는 모습을 보고 행복했어"라고 말했다.

선입관을 바꾸면 도움이 된다. 당신은 배우자에게 적합한 짝으로 만들어졌다. 그러므로 그가 편안하게 긴장을 풀도록 도와야 한다. 그가 삶을 즐기도록 돕고, 재미를 갖도록 도와야 한다. 너무 거룩한 삶만 추구해서 삶에서 진짜 중요한 것을 놓치지 않도록 주의해야 한다.

내가 했던 핑계를 반복하지 않도록 하라. "아무튼, 난 남편 친구들이 맘에 안 들어." 하지만 나는 남편의 마음을 얻으려면 남편의 친구들과 어울리기를 피하지 말아야 했다. 이제 난 그의 모든 친구들과 어울리려고 노력하고 있다. 특히 내가 싫어하는 사람들과도 노력한 덕분에 지금은 잘 어울릴 수 있다. 그렇게 하다 보니 그들의 성격도 알 수 있었고, 남편에게 영향을 준 것이 무엇인지도 알 수 있었다. 또한 남편이 알고 있는 것을 나도 알려고 노력할 수 있었다.

이제는 오히려 내가 그 사람들에 대해 알고 싶다. 그들에 대해 관심이 생기자 남편의 외출이 싫은 것이 아니라 남편과 함께 외출해서 그들과 함께하고 싶다. 그러다 보니 언젠가부터 그들을 위해 기도하는 나를 발견했다. 또한 남편을 감시할 필요도 없었다. 하나님께서 남편을 지켜 주시기 때문이다. 당신의 남편이 놀이 파트너를 구하고 있음을 잊지 말라. 그러면 당신이 그의 우선순위가 된다.

따뜻하게 맞이하라

당신은 수십 번 이런 생각을 하지 않았는가? "아이들을 어떻게 해야 하지? 우리는 유모를 둘 수 없잖아. 할 일이 너무 많아. 혹은 피곤해." 우리는 항상 핑계거리를 갖고 있다. 남편들에게 미루기 좋은 이유들은 항상 있기 마련이다. 사업에서도 배신을 초래하는 것이 서로에게 책임을 미루는 것이다.

세상의 아내들이 바쁜 이유도 그것이다. 당신은 매번 남편을 고양이 다루듯 한다. 남편을 당신에게서 멀리 쫓아 보내 버리면 남편은 다른 할 일을 찾게 된다. 하지만 남편은 당신과 함께하는 것을 더 좋아한다.

솔로몬의 아가서에는 애인을 멀리 보낸 여인의 이야기가 나온다. 책의 시작 부분에서 그들은 서로를 사랑스런 이름으로 부른다. 그들은 서로의 아름다움을 묘사하고 상대방이 얼마나 멋진지 이야기한다. 또한 그들이 함께하고 싶은 일들을 떠올린다.

그러나 5장 2절로 가 보면 여인이

"내가 잘지라도 마음은 깨었는데 나의 사랑하는 자의 소리가 들리는구나"라고 말한다. 그때 남자가 문을 두드려 소리쳐 부른다. "나의 누이, 나의 사랑, 나의 비둘기, 나의 완전한 자야 문 열어 다고 내 머리에는 이슬이, 내 머리털에는 밤이슬이 가득하였다 하는구나."

여인의 응답은 3-6절에 계속된다.

"내가 옷을 벗었으니 어찌 다시 입겠으며 내가 발을 씻었으니 어찌 다시 더럽히랴마는 나의 사랑하는 자가 문틈으로 손을 들이밀매 내 마음이 동하여서 일어나서 나의 사랑하는 자 위하여 문을 열 때 몰약이 내 손에서, 몰약의 즙이 내 손가락에서 문빗장에 듣는구나 내가 나의 사랑하는 자 위하여 문을 열었으나 그가 벌써 물러갔네 그가 말할 때에 내 혼이 나갔구나 내가 그를 찾아도 못 만났고 불러도 응답이 없었구나."

그들은 서로를 사랑하고 있다. 그런데 5장에서 여자는 "난 지금 지쳤어"라고 말한다. 과거에 그들은 큰 빗장으로 문을 잠갔다. 누군가 밖에서 열쇠로 열 수 없도록 하기 위해서였다. 문 두드리는 소리에 답하기 위해 여자는 침실 밖에서 일어나 있어야 했다. 문이 있는 곳으로 내려가 무거운 빗장을 풀어야 들어올 수 있었다. 사랑하는 사람이 한밤중에 문가로 와서 노크하면 그녀는 누워서 생각했다. '나는 침대에 있고 옷도 벗었는데, 목욕도 했고. 그런데 그가 기다리는 문까지 가기 위해 내 발을 더럽혀야 하나?

마침내 그녀는 혼잣말로 "내가 무슨 생각을 하는 거야? 일어나서 애인을 들어오게 해야지"라고 말한다. 그러나 그녀가 문으로 갔을 때 그는 이미 가고 없다. 그녀는 "내가 그를 기다렸는데, 그를 찾을 수가 없구나"라고 말한다. 그녀는 어둠 속으로 나가 그를 찾기 위해 주위를 돌아다니며 물어본다. "누구 그를 본 사람이 없나요? 누구 없어요?"

당신의 남편 가운데 몇몇은 거리로 나갔고, 당신은 지금 "누구 그를 본 사람이 없나요?"라고 궁금해한다. 당신이 그를 쫓아냈으면서 말이다. 당신이 너무 바쁘거나 혹은 너무 피곤해서, 아니면 날씨가 너무 춥거나 너무 더워서, 당신이 너무 깨끗하거나 너무 지저분해서, 당신에게 두통이 있어서, 아이들 때문에, 항상 다른 무슨 일이 있어서 당신이 그를 멀리 내쫓았기에 지금 남편은 거리에 있다.

낭만적인 분위기를 만들어라

잠언 7장을 보면 거리의 여자가 어떻게 남자를 유혹하는지에 대해 말하고 있다. 여자가 정확히 무엇을 하는지 상세하게 묘사하고 있다.

여자의 집은 정돈되어 있고 깨끗하다. 바닥에 책들이 흩어져 있지도 않다. 그녀는 등 아래 앉아서 아무 일도 하지 않고 있다. 집만 깨끗할 뿐 아니라 침대에는 몰약과 향수도 뿌려 있다. 여자는 집을 단장하고 는 말한다. "오라 우리가 서로 사랑하자." 그녀의 침실은 사랑하는 곳 이라며 남자를 그곳으로 유혹한다. 거리의 여자는 깨끗하게 몸과 집 을 단장하고 우리의 남편을 거리에서 기다리고 있다.

불행하게도 미국에서 결혼한 부부의 63퍼센트가 이혼하고 있다. 가장 큰 원인은 간음 때문이다. 물론 남편의 간음을 겪고도 결혼을 유 지하는 사람도 있는가 하면, 또 현재 남편의 간음을 잘 모르고 있는 사람도 있다. 과거에 간음을 저지르고도 지금도 그렇게 하는 사람도 있다. 너무나 많은 여자들이 남편의 간음 때문에 이혼하고 있다. 성경 에서도 간음은 이혼의 이유가 된다.

그러나 주님이 궁극적으로 원하시는 것은 한 사람은 뉘우치고 한 사람은 용서하는 것이다. 남편을 용서하면서 그를 어떻게 사랑해야 할지 알아야 한다. 우리는 또한 다른 한편으로 남편을 대하는 우리의 태도를 변화시켜야 한다. 여기서 내가 분명히 하고 싶은 말은 남편의 간음 욕구가 아내의 잘못이란 말은 아니라는 것이다.

어쩌면 당신이 이 세상에서 가장 초악의 아내일 수 있다. 하지만 그것이 남편의 간음을 정당화시키지는 못한다. 그러나 우리가 여러 가지 이유를 대며 남편에게 섹스를 허락하지 않고, 또한 남편과 시간 을 함께 보내지 않는 것은 우리의 책임일 수도 있다. 남편은 그런 부 분에서 그들의 필요를 충족시키지 못하고 있는 것이다. 그래서 남편 들이 놀이 파트너나 다른 여자 친구를 찾고 있을 수도 있다.

남편을 응원하라

할리 윌러드가 쓴 〈그에게 필요한 것, 그녀에게 필요한 것〉이란 책을 보면 남자는 치어리더를 원한다고 한다. 당신 뒤에 치어리더가 있다고 상상해 보라. 당신 편에서 소리를 지르며, 열광적으로 당신이 하는 모든 일을 응원하는 치어리더를 상상해 보라. 어떤 일이 잘 될 때면 "좋아, 잘했어. 파이팅!"이라고 응원하고, 일이 잘 안 풀릴 때는 "그곳을 막아" 혹은 "그곳을 붙잡아"라고 외치는 소리가 들린다.

그렇다면 당신이 남편에게 마지막으로 칭찬한 말은 무엇이었는가? 그가 최근에 한 멋진 일은 무엇인가? 그 사실을 알고는 있는가? 남편의 꿈이 무엇인지 알고 있는가? 그의 희망은 무엇인가? 그의 고민이 무엇인지 아는가? 그를 괴롭히고 있는 것이나 그가 염려하고 있는 것은 무엇인가? 당신은 그 옆에서 격려하고 있는가? 위로의 말을 하고 있는가? 그의 손을 잡고 기도하고 있는가? 아니면 너무 바빠서 알아채지도 못하는가? 당신은 과연 남편의 치어리더인가?

최근에 남편이 골프 트로피를 갖고 집에 온 적이 있다. 남편은 교회 리그에서 토너먼트식 경기를 치렀다. 시즌 내내 남편은 게임이 얼마나 최악이었는지, 그가 얼마나 오랫동안 쉬었는지, 그리고 그의 점수가 그 게임에 비교해 얼마나 높았는지 이야기했다. 남편은 "내가 말할 수 있는 한 가지는 내가 정직했다는 거야. 나는 게임 내내 정직했다니까"라고 말했다. 남편이 다음 게임을 마치고 돌아오자 물었다. "여보, 당신 어땠어요?" 그러자 남편은 "그다지 잘하지 못했어"라고 대답했다. 그러자 나는 "그렇군요. 그렇지만 최소한 당신은 정직했겠지요"라고 말했다. 남편은 그가 정직했다는 사실에 기분 좋아했다.

골프 시즌이 거의 14주 동안이나 계속되었다. 매주 남편은 집에 와서 말했다. "잘하지는 못했지만 정직하게 했어. 그곳에 있는 다른 사람들을 알지? 그들이 교회 다닌다는 사실이 믿겨지지 않는다니까. 실력은 좋지 않으면서 점수에 대해서 거짓말을 하더라구. 하지만 난 그렇지 않아."

어느 날 남편이 골프 모임에 다녀와 트로피를 테이블에 올려놓고는 약간 빈정대는 듯한 미소를 지었다. 나는 하던 일을 멈추고는 뛰어가 소리쳤다. 트로피를 보고서 "오, 정말 좋은데요"라고 한마디 하고서는 컴퓨터 타이핑 작업을 계속할 수도 있었다. 그러나 나는 그 트로피가 남편에게 얼마나 중요한지 알고 있었다. 왜냐하면 시즌 내내 남편이 "게임에서 졌어. 잘 못했거든. 하지만 최소한 난 정직했어"라는 말을 끊임없이 했기 때문이다.

나는 그 트로피를 보고 말했다. "주님께서 보상해 주신 거예요. 당신은 정직했으니까. 생각해 봐요. 당신은 정직하게 3등을 했어요. 그것은 거짓으로 1등하는 것보다 나아요. 정직한 점수로 3등을 한거니까요." 그러고 나서 축하하는 의미로 남편에게 밖에 나가서 저녁을 먹으면 어떨까 하고 물어보았다.

사실 그것은 나에게 그다지 큰 일이 아니었다. 그러나 남편에게는 그 일이 얼마나 중요한 일인지 알고 있었다. 다른 누군가가 남편의 일에 소리치며 기뻐하는 일은 원치 않는다. 내가 그 일에 대해 기뻐하는 유일한 사람이 되고 싶었다. 3등은 굉장한 결과였다. 남편이 정직했기 때문이다. 그 과정에서 나도 남편 속에 있는 하나님의 모습, 즉 정직함, 근면, 충실함, 그리고 인내를 보았고, 또한 칭찬할 기회를 얻었다. 이런 모습들은 중요한 자질이다. 남편이 그러한 성격을 갖고 있는 것이 기뻤다.

불행하게도 우리는 대부분 무엇이 중요한지 충분히 들으려고 하지 않는다. 당신의 외적인 아름다움은 시들어 가고 있다. 당신이 항상 현재의 모습을 유지하지는 못할 것이다. 그러나 사려, 깊은 마음은 신체의 외적인 아름다움을 뛰어넘는다. 주의를 기울이는 것은 매력적인 모습이다. 남자들은 자신에게 주의를 기울이는 여자들을 좋아한다.

사람들은 편안함을 느끼면서 사랑에 빠진다. 또한 상대방이 주는 편안함을 있는 그대로 사랑하게 된다. 당신이 함께 시간을 보내는 사람들을 생각해 보라. 대개 그들이 당신을 편안하게 해주기 때문에 함께하는 것이다. 그들은 당신을 웃게 만들고 무언가 생각할 것을 제공해 주며, 또한 당신에게 도전을 준다. 그래서 그들과 함께 있을 때는 기분이 좋아진다.

바로 이 편안함을 당신의 남편이 당신에게서 느껴야 한다. 당신은 배우자의 최고의 친구가 되어야 한다. 함께 기뻐할 일이 생기면 그는 집으로 뛰어가 당신에게 맨 먼저 말하고 싶어해야 한다. 혹은 당신에게 전화를 걸어 말하고 싶어해야 한다. 당신이 그에게 최고의 친구이기 때문이다. 당신은 남편에게 최고의 친구라고 말할 수 있는가? 그럴 수도 있고, 아닐 수도 있다. 몇몇 사람들은 심지어 최고의 친구인지 아닌지도 모른다. 왜냐하면 하나님께서 당신에게 주신 그 남자와 많은 시간을 보내지 못하고 있기 때문이다.

남편이 편안함을 느낄 수 있는 최고의 친구가 되어 주라. 충분한 시간을 들여 남편을 격려하고, 그의 말에 귀 기울이며, 그를 위해 기뻐하라.

사랑할 수 없을 때 사랑하라

처음 내가 구원받았을 때, 남편도 매우 좋아할 것이라고 확신했다.

그가 너무 기뻐해서 예수 그리스도 안에서 우리는 새로운 사랑을 찾게 될 것이라고 생각했다. 그러나 그렇게 되지 않았다. 오히려 남편은 분노했으며, 그 분노가 나를 더 주님과 가깝도록 이끌었다. 그런 오랜 이끌림은 나를 강하게 만들었다. 지금 무슨 일이 일어나면 나는 우선 무릎을 꿇고 아뢴다. "주님, 제가 무엇을 해야 합니까? 무엇이 필요합니까?" 우리는 너무도 쉽게 남편을 가르치려 하고, 그가 무엇을 해야 할지를 지적한다. 한 사람의 변화를 이루는 일은 그리 만만한 일이 아니며, 또한 우리 힘으로 이룰 수 있는 일도 아니다. 그러나 그리스도인은 그 일을 해내야 한다.

성경은 선한 일을 하며 낙심하지 말라고 말씀하고 있다.

"우리가 선을 행하되 낙심하지 말지니 피곤하지 아니하면 때가 이르매 거두리라"(갈 6:9).

가정에서 한 사람만이라도 올바르기 산다면 그 집은 축복을 받을 것이다. 당신은 아직도 변화를 이뤄낼 수 있다. 당신이 가정에서 유일하게 의로운 일을 하는 사람이라면 어떻게 될까? 하나님의 선이 사람이 마땅히 해야 할 것과 하지 말아야 할 것을 판단케 하심을 잊지 말자. 만약 당신이 악을 행하고자 하거나 남편이 하는 대로 한다면 하나님께서 당신도 심판하실 것이다.

어느 날 한 자매가 찾아와서 물었다. "그는 의롭게 살지 않는데 내가 왜 의롭게 살아야 하죠?" 나는 그녀에게 대답했다. "성령께서 당신에게 대답하실 거예요." 당신이 의롭게 살아야 하는 이유는 하나님의 영이 당신 안에 거하시기 때문이다. 하나님의 살아 역사하시는 능력을 당신이 진정으로 의지한다면 의롭게 사는 것이 가능하다.

성경은 우리가 사랑할 만한 사람을 사랑하는 것은 실제로 아무것도 아니라고 말씀하고 있다. 비그리스도인들도 그렇게 하기 때문이다. 그러나 사랑할 수 없는 자를 사랑하면 가장 그리스도를 닮는 것이 된다.

> "남에게 대접을 받고자 하는 대로 너희도 남을 대접하라 너희가 만일 너희를 사랑하는 자를 사랑하면 칭찬 받을 것이 무엇이뇨 죄인들도 사랑하는 자를 사랑하느니라 너희가 만일 선대하는 자를 선대하면 칭찬받을 것이 무엇이뇨 죄인들도 이렇게 하느니라 너희가 받기를 바라고 사람들에게 빌리면 칭찬 받을 것이 무엇이뇨 죄인들도 의수히 받고자 하여 죄인에게 빌리느니라 오직 너희는 원수를 사랑하고 선대하며 아무것도 바라지 말고 빌리라 그리하면 너희 상이 클 것이요 또 지극히 높으신 이의 아들이 되리니 그는 은혜를 모르는 자와 악한 자에게도 인자로우시니라 너희 아버지의 자비하심같이 너희도 자비하라"(눅 6:31-36).

우리 역시 사랑받을 수 없는 자들이었음에도 하나님께서는 그분의 아들을 주셨다. 남편을 절대로 사랑할 수 없는 순간에도 남편은 당신을 가장 필요로 한다. 그렇기 때문에 당신이 남편의 손을 잡고 격려해야 하는 것이다. 그를 붙잡고 기도해야 한다. 그에게 당신을 통해 흐르는 하나님의 사랑을 느끼게 해야 한다. 남편이 느끼는 것은 육체적인 것 이상이어야 한다. 반드시 영적인 것을 포함해야 한다.

칭찬하는 아내가 되라

성경은

"고운 것도 거짓되고 아름다운 것도 헛되나 오직 여호와를 경외하는 여
자는 칭찬을 받을 것이라"(잠 31:30)

고 말씀하고 있다. 이러한 여자야말로 남편이 오래도록 사랑하는
아내일 것이다. 스타 돌리 파튼의 가슴이나 티나 터너의 다리가 영원
하지는 않는다. 당신의 육체가 탄력을 잃어가면 당신에게 남는 것은
무엇일까? 성경에서 나오는 신실한 여인들은 하나님의 임재 속에 거
함으로 또한 말씀을 묵상함으로 스스로를 치장했다.

"너희 단장은 머리를 꾸미고 금을 차고 아름다운 옷을 입는 외모로 하지
말고 오직 마음에 숨은 사람을 온유하고 안정한 심령의 썩지 아니할 것으로
하라 이는 하나님 앞에 값진 것이니라 전에 하나님께 소망을 두었던 거룩한
부녀들도 이와 같이 자기 남편에게 순복함으로 자기를 단장하였나니"(벧전
3:3-5).

진심으로 남편을 축복하기 원한다면 모든 일에 기도할 줄 아는 하
나님의 강한 여성이 되어야 한다. 스토미 오마티언이 쓴 〈기도하는
아내의 힘〉이란 책을 보면 아내가 남편을 위해 30여 가지 기도를 하
고 있다. 즉 아내는 남편의 모든 것을 위해 기도하고 있다. 남편의 친
구, 경제력, 직업, 태도, 아버지로서의 모습, 남편으로서의 역할 등.
그녀는 항상 남편을 위한 기도로 하루를 시작한다. "주님, 저를 도우
셔서 남편을 위해 기도하게 하소서. 주님께서 나를 사랑하신 것처럼
남편을 사랑하게 하소서."

우선순위가 바른가?

하나님께서는 남편을 돕는 배필로 나를 남편에게 인도하셨다. 나는 그의 필요를 충족시킬 수 있다. 남편의 영혼 깊숙한 곳에는 오직 하나님만이 만족시킬 수 있는 목마름이 있다. 그래서 나는 그곳에 가려고 하지 않는다. 주님께서 나를 부르신 일들만 행할 뿐이다. 그것은 남편이 느낄 수 있도록 무언가를 나누는 것이다. 남편은 내가 그를 사랑하고 있는지 의심도 하지 않는다. 내가 "여보, 사랑해요"라고 말해서가 아니다. 물론 사랑한다고 말도 하지만 그 사랑을 보여주고 있는 것이다. 사랑은 행동이다. 사랑은 매우 사소한 일에서도 나타난다.

남편에게 당신의 사랑을 보여줄 수 있는 한 가지 방법은 올바른 우선순위를 갖는 것이다. 하나님께서 주신 우선순위는 다음과 같다.

1. 하나님이 가장 우선되어야 한다.
2. 배우자는 하나님 다음이 되어야 한다.
3. 자녀들은 배우자 다음이 되어야 한다.
4. 직업, 일, 휴가는 아이들 다음이다.
5. 그러고 나서 당신의 사역이다.

많은 그리스도인 아내들은 뒤죽박죽인 우선순위를 갖고 있다. 그들은 다섯 번째 해당하는 사역을 처음과 혼동하고 있다. 또한 사업과 거룩함이 따르는 교회 일과 혼동하고 있다.

과거에 내가 교회에서 집으로 돌아왔을 때 남편은 이렇게 말했다. "내가 당신에게 무언가를 원하는 게 있다면, 지금 내가 해야 할 일은 교회 목사님에게 전화하는 일이지. 당신은 목사님의 말이라면 누구

말보다 더 잘 들으니까 말이야. 아마 돈사님이 누군가가 필요하다고 하면 당신은 지금 당장 뛰어갈 거야. 반면에 내가 당신에게 무얼 좀 하라고 부탁하면 당신은 너무 바쁘잖아. 그러니 내가 당신에게 원하는 일이 있으면 교회에 전화 할 수밖에…."

교회에서 하는 봉사가 당신을 더욱 영적으로 만드는 것은 아니다. 누구나 하나님을 찬양하고 춤추며, 서로 교제를 나누는 교회에서 시간을 보내는 일은 쉽다. 남편과 함께 씨름하면서 집에 있는 것보다는 회사에 있는 것이 더 쉽다. 나처럼 지금 집으로 돌아가 배우자와 가족을 위해 섬기는 것이 더 필요한 사람들이 있다. 만일 당신이 그런 사람이라면 교회 일에 너무 많은 시간을 보내고 있음을 알아야 한다. 교회에 비어 있는 모든 자리를 당신이 채울 수는 없다. 당신의 집에서도 사역이 필요하다. 가정 일을 기피하는 여자들이 실제로 많다.

당신의 집이 위기로 치닫고 있는데, 교회에서 봉사한다는 것은 위선일 수 있다. 우선 남편에게 당신이 가진 것을 주어야 한다. 그러고도 남는 것이 있다면 교회로 가져가면 된다. 그리스도인의 봉사와 하나님과의 관계를 혼동하지 말라. 하나님과의 관계가 가장 중요하고 그것이 제일 우선순위가 되어야 한다. 그러나 당신이 진정으로 하나님을 알고 있다면 당신의 행동이 남편에게 얼마나 중요한지, 또한 남편이 하나님께 얼마나 소중한 존재인지 알 것이다. 하나님께서는 당신이 남편을 진정으로 사랑하길 원하신다. 또한 그분은 당신이 남편에게 하나님의 사랑을 보여주기를 원하신다.

언젠가 목사님의 아내가 교회 비서와 큰 문제를 일으킨 적이 있었다. 교회 비서가 목사님을 너무 잘 알고 있었기 때문이다. 여비서는 목사님이 무엇을 좋아하는지, 무엇을 원하는지 알고 있었다. 또한 목사님의 희망, 꿈, 교회와 목회에 대한 열정도 잘 알고 있었다. 물론 여비서가 목사님을 뒷받침해 주고 도와주는 것은 옳은 일이었다.

그러나 목사님의 아내는 두 사람이 의심스러운 관계라고 확신했다. 하지만 목사님의 말에 따르면(나는 그분을 믿는다) 두 사람 사이에 부적절한 일은 전혀 없었다. 그러나 사모님은 위협감(죄책감일 수도 있다)을 느꼈다. 다른 여자가 그녀가 채우지 못하는 남편의 개인적인 필요를 충족시키고 있다는 생각 때문이었다. 나는 그녀에게 도전의식을 주었다. "당신은 비서를 꾸짖을 수도 있어요. 어떻게 하실 건가요?"

우리 각각은 어떤 일을 할 기회를 갖고 있다. 가끔 집에서 남편을 축복해 보라. 당신을 미치도록 하는 것이 무엇인가? 당신을 그토록 화나게 하는 것이 무엇인가? 남편을 축복하지 못하게 방해하는 것은 무엇인가? 여러 가지 장애물이 앞에 있더라도 당신은 배우자를 축복해야 한다.

달콤한 대답을 해주라

아내들은 대부분 남편에게 할 말을 항상 갖고 있다. 심지어 어떤 아내들은 모든 것에 대해 대답을 갖고 있는 듯하다. 남편이 뭐라고 말하든 말할 거리가 있다. 그러나 말하기 전에 멈춰서 잠시 생각할 시간을 갖는다면 말이 지금보다 적어질 것이다. 남편과 무언가를 함께 나눌 때면 당신 스스로의 말을 감시할 뿐 아니라, 그것이 꼭 말로 해야 하는 것인지 자신에게 물어봐야 한다.

목소리 톤도 점검해야 한다. 내 마음에 어떤 악의가 없다고 해도 오해를 일으킬 수 있다. 내가 이것을 확신을 갖고 말할 수 있는 것은 우리의 마음이 심히 거짓되고 부패하기 때문이다(렘 17:9). 그리고 마음에 따라 그것이 입 밖으로 나온다고 했다(눅 6:45). 그러므로 당신이 한 말 때문에 놀란다면 "그것이 어디서 왔는지 모르겠어"라고 생각하지 말라. 그것은 당신 속에 있었고, 그 속에서 나온 것이다. 당신이 집에 앉아 남편에 대해 중얼거리며 그가 할 일을 안 한다고 불평한다면 언젠가 그러한 말을 남편에게 표현하게 될 것이다.

그러므로 말해도 좋은 때인지 자신에게 물어봐야 한다. 말하기 적합한 때가 있다. 무언가를 말해야 한다면 가장 좋은 때는 당신이 기도하고 난 후다. 나도 말하고 싶은 것이 있으면 먼저 기도한다. 그런데 종종 기도를 마치고 나면 말할 때를 놓치고 만다. 그러나 그 후 그 때가 좋은 때가 아니었음을 깨닫게 된다. 바로 이 점이 남편을 위해 기도하고 자신을 위해서도 기도해야 하는 중요한 이유다. "주님, 때에 맞는 말을 하게 해주세요. 그 말로 남편을 일으키게 하시고 그를 세울 수 있도록 도와주세요." 기도하느라 말할 순간을 놓치면 내 마음대로 말하지 않게 하신 것에 대해 감사드린다.

내가 좋은 마음을 갖고 있으면 주님께서는 때에 맞게 적합한 말을 하도록 하신다. 그렇게 말하면 어느덧 협력하는 자의 모습이 된다. 종종 나는 가사 분담문제 때문에 남편과 다투는 아내들에게 이렇게 말해 주기도 한다. "남편이 다음 한 주 동안 뭐라고 말하든지 "예, 그렇게 하세요"라고 말하도록 권한다. 지금 나는 이 장을 읽고 있는 여러분 각자에게 같은 도전을 제안한다. 오늘부터 시작하라. 남편이 "아래층에 가서 그것 좀 가져다줄 수 있겠소?"라고 물으면 "예, 그러지요"라고 말하라. 그리고 가서 그것을 가져다 주어라. 가기 편한 때를 기다리지 말라.

언젠가 남편이 "사브리나, 아래층에 가면 시원한 음료 한 잔 가져다 줘요"라고 부탁한 때가 있다. 나는 "좋아요"라고 대답했지만 내가 하던 일을 계속했다. 남편은 다시 부탁했다. "시원한 음료수 한 잔 가져다 주겠소?" 나는 "그래요. 내가 아래층에 내려갈 때 갖다 달라고 했잖아요. 아직 안 내려갔단 말이에요"라고 답했다. 나는 그의 요청을 "아래층에 가게 되면 갖다 줘요"라고 해석했지만, 남편의 뜻은 "난 지금 목이 말라. 음료수 좀 갖다 줄 수 있소?" 였다.

그렇다고 당장 아래층에 뛰어 내려가 음료수 한 잔을 갖고 와서 "여기 있어요!"라고 말하며 그의 앞에 던진다면 거기에는 존중하는 마음이 없다. 그것은 사랑이 담긴 행동이 아니다. 배우자가 하나님의 사랑을 느낄 수 있도록 하는 것이 중요하다.

가능한 한 자주 달콤한 대답으로 남편을 축복하라. 그것이 "내려가서 음료수 갖다 줘요"처럼 간단한 요청일 때도 그냥 "예"라고 말하고 일어나 그가 당신에게 부탁한 일을 하면 된다. 남편이 "여보, 아이들 좀 침대에 눕혀요. 그리고 당신이 재우면 안 될까?"라고 말하면 "예"라고 대답하라. 그의 어떠한 부탁에도 당신이 달콤하게 응답한다면 남편은 당신의 격려를 느끼게 될 것이다. 그것이 남편을 축복하는 것이다.

많은 사람들이 삶 가운데 악한 씨를 뿌리고 있다. 그리고 다가올 일을 궁금하게 생각한다. 당신이 뿌린 많은 일들이 당신에게 되돌아와 당신을 괴롭히기 시작할 것이다. 당신은 자신이 원하는 대로 왜 남편이 대답해 주지 않는지 궁금해한다. 기껏 최근 이틀 동안 남편을 사랑해 주었으면서도 말이다. 그동안 나쁜 씨앗을 많이 뿌렸다면 그 많은 씨앗을 제거해야 한다. 그 뒤 다시 새로운 씨앗을 심어야 한다. 그러나 얼마 동안은 곡식이 가라지와 함께 나오게 된다. 하지만 결국은 당신이 새로 뿌린 사랑스런 씨앗이 풍성한 수확을 가져다 줄 것이다.

남편이 무엇인가를 느낄 수 있도록 함께 나누라. 배우자와 나눌 수 있는 일에 대해서 생각해 보라. 남편이 아내가 달라졌다는 것을 느낄 수 있는 것은 무엇이든 좋다. 당신이 그 일들을 알게 되면 결혼생활이 더욱 신중하게 될 것이다. 성경은 시대가 악하므로 조심하라고 말씀하신다.

> "그런즉 너희가 어떻게 행할 것을 자세히 주의하여 지혜 없는 자같이 말고 오직 지혜 있는 자 같이 하여 세월을 아끼라 때가 악하니라 그러므로 어리석은 자가 되지 말고 오직 주의 뜻이 무엇인가 이해하라"(엡 5:15-17).

우리는 어두운 시대에 살고 있다. 서상에는 많은 유혹이 있다. 그러므로 남편이 그러한 유혹 가운데 강해지도록 꾸준히 기도하고, 최대한 남편을 믿음 가운데 서도록 기도하라. 남편을 세상 가운데로 내보내 그곳에서 그의 필요를 찾도록 하지 말라. 당신에게는 새로운 가정 분위기를 만들 기회가 있다. 당신의 가정을 세상에서 가장 좋은 곳으로 만들라. 남편과의 관계를 발전시키고 잘 가꾸어라. 당신과 함께 함으로써 남편이 하나님을 많이 경험하도록 기도하라.

아내들이여, 남편을 위해 기도하라. 그를 사랑할 수 있는 가장 큰 기회를 얻는 축복을 누려 보라.

우리 모두 이렇게 기도하자.

Prayer

"사랑의 하나님, 하나님께서 만드신 여자들이 무엇을 필요로 하는
지 알고 계셔서 감사합니다. 하나님께서는 우리의 결혼생활에서 무
엇이 가장 최선인지 알고 계십니다. 하나님, 이 책을 읽고 있는 아내
들을 위해 기도합니다. 그들의 가정과 배우자를 위해 기도합니다.
그들이 현명한 아내가 되어서 가정을 세우고, 그들의 손으로 가정에
눈물을 뿌리지 않도록 기도합니다. 남편에게 상실감을 주지 않도록
도와주시고 남편들을 거리로 내몰지 않도록 도와주옵소서. 아버지,
이 아내들을 도우사 그들의 남편을 세우고 축복하게 하옵소서. 그
들을 도와 남편이 무언가를 느낄 수 있도록 하옵소서. 그것은 바로
주님의 사랑입니다. 예수님의 이름으로 기도합니다. 아멘."